DROIT CIVIL

DE L'AUTORITÉ DE LA CHOSE JUGÉE

EN MATIÈRE

D'ÉTAT DES PERSONNES

TABLE DES MATIÈRES

DE L'AUTORITÉ DE LA CHOSE JUGÉE
EN MATIÈRE
D'ÉTAT DES PERSONNES

INTRODUCTION

« C'est une opinion aujourd'hui fermement assise que celle de l'application de l'article 1351 aux jugements statuant sur l'état. On peut considérer la question comme épuisée (1) ». Si une étude de la chose jugée en matière d'état des personnes devait se borner à un exposé et à une réfutation de la théorie du légitime contradicteur, nous adopterions sans réserve l'opinion de l'auteur de la *Tierce opposition.* Sans aucun doute l'article 1351 consacre une règle dont la portée très générale s'étend à toutes les matières de notre droit civil, et nous tenons à l'affirmer dès le début de ce travail. Mais il ne suffit pas de proclamer un principe : encore faut-il en montrer les applications diverses, et c'est ce qu'on n'a guère fait jusqu'ici. L'attention des auteurs ne s'est portée à ce point de

(1) Tissier, *Tierce opposition*, p. 128.

vue que du côté de la filiation, et, quant au mariage, il semble qu'on n'ait même pas soupçonné l'existence de problèmes pourtant très compliqués que soulève, à l'occasion des nullités, l'effet relatif de la chose jugée. L'examen de toutes ces applications d'un grand principe juridique à l'une des matières les plus intéressantes du droit français nous a paru d'autant plus digne d'un travail spécial, qu'il est impossible de n'être point frappé des inconvénients et des difficultés de toute sorte que l'effet relatif entraîne à sa suite, et de ne pas aspirer à une modification législative qui les supprime, soit que l'on atténue le principe lui-même au moyen d'une réglementation sévère, soit qu'on le remplace par le principe opposé, celui de l'effet absolu du jugement. Appliquée à l'état, la relativité divise trop la situation d'un même individu, qu'elle expose à avoir des qualités différentes et contradictoires à l'égard de diverses personnes; car elle aboutit à réserver les droits des tiers qui n'ont pas été représentés à un procès, et qui restent en dehors des effets du jugement, comme ils sont demeurés étrangers à la procédure.

Une solution législative est donc nécessaire, qui, s'inspirant de quelques réformes projetées ou accomplies à l'étranger, assure aux individus un état stable dans la famille et dans la société, en substituant à la règle de la relativité celle de l'effet absolu du jugement.

« L'autorité de la chose jugée, dit l'article 1351, n'a lieu qu'à l'égard de ce qui a fait l'objet du jugement. Il faut que la chose demandée soit la même cause ; que la demande soit fondée sur la même cause ; que la demande soit entre les mêmes parties, et formée par elles et contre elles en la même qualité » ; ce que l'on traduit d'ordinaire de la manière suivante : il y a chose jugée, lorsqu'il y a identité d'objet, de cause et de parties (1).

Ce principe est applicable aux jugements qui concernent l'état des personnes, comme à tous autres jugements.

I. Nous avons donc à nous demander à quelles conditions il y a identité d'objet en matière d'état. En d'autres termes, nous avons à rechercher si le jugement qui prononce sur une question d'état soulevée incidemment dans un procès, a la même autorité de chose jugée que s'il était rendu sur une action dont cette question serait l'objet direct et principal ; ou encore si l'autorité de la chose jugée s'étend à la question d'état contenue dans les motifs, comme si elle était contenue dans le dispositif même.

II. Quant à l'identité des parties, nous avons à exa-

(1) « *Quum quæritur haec exceptio noceat necne, inspiciendum est an* idem corpus *sit*... *et an* eadem causa petendi, *et* eadem conditio personarum : *quæ nisi omnia concurrant, alia res est* ». (LL. 12, 13, 14 D. *de exceptione rei judicatæ*). C'est à cette doctrine romaine qu'est empruntée la disposition de l'article 1351.

miner jusqu'à quel point elle *est* ou *doit* être exigée dans les procès d'état, pour que le jugement ait force de chose jugée. « *Sæpe constitutum est res inter alios judicatas aliis non præjudicare,* » disaient les jurisconsultes romains ; et à travers l'ancien droit la tradition et les auteurs nous ont transmis ce principe, qui a été recueilli successivement par Pothier et par le Code civil. Fondé sur cette règle de raison et d'équité que nul ne peut être condamné sans avoir été entendu, et consacré formellement par l'article 1351, il ne peut être écarté que par un texte législatif qui n'existe pas pour les questions d'état ; aussi en reconnaissons-nous l'autorité souveraine, et repoussons-nous toute théorie contraire, que ses partisans présenteraient comme une exception et non comme une application de l'article 1351. Si nous insistons, c'est pour éviter toute équivoque : il nous arrivera souvent, au cours de cette étude, de regretter la solution opposée ; il nous arrivera, après avoir consulté le texte de la loi, d'interroger la conscience plus encore que l'esprit du législateur de 1804 (1) : or, si l'on peut présumer sans trop de témérité que le législateur s'est écarté quelquefois du principe de l'effet relatif, il n'en a jamais manifesté l'intention ni la la volonté dans aucun article du Code.

Les tiers qui n'ont pas été représentés aux procès d'état peuvent donc se considérer comme garantis

(1) Cf. chap. III, sect. III, § 3, *du mariage.*

par les deux moyens de protection que notre législation leur accorde en général contre les jugements rendus dans des instances où ils n'ont pas été parties : ils peuvent, soit opposer sous forme d'exception la relativité de la chose jugée, qui, selon un grand nombre d'auteurs suffirait à les couvrir contre des décisions auxquelles ils ont été étrangers, soit recourir à la tierce opposition pour demander la rétractation, la réformation et l'annulation du jugement, en tant qu'il porte atteinte à leurs droits.

Nous rappelons d'ailleurs qu'il y a deux sortes de tierce opposition : la tierce opposition proprement dite ou ordinaire (Pr. civ., art. 474 et suiv.), qui appartient aux véritables tiers, à ceux qui n'ont été ni parties, ni représentés, qui auraient dû être appelés, et qui subissent un préjudice ; et la tierce opposition extraordinaire, qui diffère de la première en ce qu'elle appartient à d'autres personnes, à celles qui « ne sont pas étrangères aux plaideurs, qui ont été représentées par eux, soit qu'elles leur aient succédé depuis, soit qu'elles leur aient précédemment donné mandat », et en ce qu'elle s'appuie sur d'autres moyens, en soutenant « que leurs droits ont été compromis par le dol ou la fraude de celui dont elles avaient suivi la foi (1) ».

Disons enfin que les auteurs sont loin d'être d'accord sur la célèbre question du caractère obligatoire

(1) Tissier, *Tierce opposition*, p. 7.

ou facultatif de la tierce opposition. Certains la considèrent comme toujours nécessaire (1) ; quelques autres la regardent comme toujours facultative (2).

Un troisième parti, de beaucoup le plus considérable, la déclare facultative en principe, mais nécessaire dans certaines hypothèses ; nous n'entrerons pas dans le détail de toutes les distinctions qui ont été proposées : d'après la nature du droit (3), ou selon que celui qui a obtenu le jugement a commis ou non une faute en n'appelant pas le tiers qui en subit un préjudice (4), ou enfin selon que la tierce opposition est ou n'est pas en fait nécessaire pour empêcher l'exécution du jugement (5). Pour tous ces systèmes, nous renvoyons à l'ouvrage de M. Tissier, dont nous adoptons la solution : la tierce opposition proprement dite est toujours facultative ; la tierce opposition extraordinaire est toujours obligatoire (6).

Nous avons tenu à résumer brièvement toutes ces idées, parce qu'elles sont indispensables à une étude des effets de la chose jugée en matière d'état, où chaque espèce, pour ainsi dire, soulève une question de tierce opposition.

(1) Proudhon, *Usufruit*, nos 1268 et 1284. — Naquet, *Revue critique*, 1872, p. 351.

(2) Merlin, Vo *Tierce opposition*, § 6. — Cassation, 22 août 1871, Sirey, 71, 1, 228. — Cassation, 23 mai 1882, Sir., 83, 1, 97.

(3) Garsonnet, *Procédure*, t. III, § 466, n. 1.

(4) Rodière.

(5) Boitard et Colmet Daage.

(6) Tissier, chap. II, et en particulier, p. 94-97.

CHAPITRE PREMIER.

CONDITIONS DE LA CHOSE JUGÉE EN MATIÈRE D'ÉTAT DES PERSONNES.

L'examen des conditions mêmes de la chose jugée en matière d'état des personnes est un préliminaire indispensable d'une étude de l'autorité des jugements : avant de se demander à l'égard de quelles personnes un certain effet peut se produire, il convient de rechercher dans quels cas se produit ce même effet. En d'autres termes, c'est l'identité de l'objet dans les jugements concernant l'état, qui doit appeler tout d'abord notre attention : à vrai dire, nous touchons à une théorie générale de l'identité de l'objet, mais sa place est ici d'autant mieux marquée que la plupart des applications en ont été faites aux instances relatives à l'état des personnes.

Il est permis de poser en principe que le jugement n'a l'autorité de la chose jugée que sur ce qui a fait l'objet des conclusions des parties (1) ; de ce principe nous devons mesurer l'étendue d'application en matière d'état.

(1) Larombière, *Obligations*, sous l'article 1351, n° 30 ; Demolombe, t. VII, n° 293.

Tout d'abord, on ne saurait mettre en doute que la question d'état qui a donné lieu à une demande principale, et qui est tranchée dans le dispositif du jugement, ait force de chose jugée. C'est la première application du principe même : il y a eu des conclusions sur lesquelles le dispositif a statué. Faut-il aller plus loin et admettre la même solution dans une hypothèse voisine ? Au cours d'un procès quelconque, une question d'état non formulée dans les conclusions des parties, est l'objet d'une simple allusion dans les conclusions mêmes ou dans les plaidoiries ; les juges, que cette question a frappés, s'en croient saisis, et la tranchent dans leur dispositif : va-t-on dire que le dispositif aura force de chose jugée quant à ce point indirectement touché ? La raison de douter est dans l'absence de conclusions des parties ; quel est l'élément qui doit l'emporter ? est-ce la décision contenue au dispositif? est-ce au contraire le principe : *tantum judicatum, quantum litigatum* ? La grande majorité des auteurs, s'attachant à ce dernier critérium, nie que l'autorité de la chose jugée puisse être attribuée dans le dispositif à de simples énonciations, non spécialement soumises à l'examen du juge : « il faut, dit-on en s'appuyant sur les termes de l'article 1351, que la chose demandée soit la même » ; il est indispensable que les parties se soient engagées l'une envers l'autre par ce *contrat judiciaire* qui consiste dans un échange préalable de conclusions (1). Les partisans du système adverse répondent, non sans quelque raison, que les termes visés de l'article 1351 font allusion à une seconde instance, et que la théorie du contrat judiciaire est fort incertaine ; ils ajoutent que l'article 480 du Code de procédure civile autorise à attaquer par la voie de la requête civile les jugements qui ont prononcé sur des « choses non demandées », et que « l'exercice d'une voie de recours a précisément pour but d'empêcher le jugement attaqué de produire ses effets ; qu'une voie de recours dirigée contre une disposition qui serait dépourvue d'efficacité serait purement frustratoire ». A notre avis, il y a là une question de fait (2) ; et c'est aux tribunaux du second degré de décider, au cas de contestation, si le passage du dispositif contient une énonciation ou une supposition plus qu'une décision ; le plus souvent ce ne sera qu'une énonciation, lorsque les parties n'auront pas pris de conclusions. C'est ainsi qu'un jugement qui condamnerait Primus à fournir des aliments à Secundus, qu'il qualifierait de père de Primus, ne statuerait aucunement sur une question de paternité et de filiation. Au reste, ces circonstances qui supposent une inattention, sinon une négligence des juges, sont de

(1) Cf. en ce sens Demolombe, t. VII, n° 293 ; Larombière, *Obligations*, sous l'art. 1351, n° 30 ; Laurent, t. XX, n° 37.

(2) Balleydier, *Les questions d'état devant les Cours d'appel*, Grenoble, 1893, p. 19.

nature à se présenter rarement, et l'on peut dire qu'en principe toute question d'état tranchée dans le dispositif a force de chose jugée.

Mais en sera-t-il de même de la question d'état tranchée dans les motifs? « *Non omnis vox judicis judicati continet auctoritatem* », dit un rescrit de Dioclétien (1). Il convient de distinguer les motifs subjectifs et les motifs objectifs, répond Savigny: les motifs subjectifs, simples motifs de la détermination du juge, n'ont aucune autorité; les motifs objectifs, qui sont « les raisons déterminant la conscience du juge et qui constituent l'âme et comme le nerf de la sentence (2) », doivent jouir de la même autorité que le dispositif. Cette vieille distinction est aujourd'hui abandonnée ; personne n'admet plus « que les motifs fassent partie intégrante du jugement, et que l'autorité de la chose jugée ait pour limites le contenu du jugement, y compris ses motifs » (3). Les auteurs (4) et la jurisprudence (5) sont unanimes à reconnaître que les motifs

(1) L. 7, C. 45, 7, *De sententiis et interlocutionibus.*

(2) Savigny, *Système du droit romain*, § 291.

(3) Savigny, *l. c.*

(4) Cardot, *Raison d'être, sens et portée d'application du principe que l'autorité de la chose jugée ne résulte pas seulement des motifs, mais du dispositif des jugements et des arrêts.* — *Revue critique*, t. XXII, 1863.

Bonnier, *Traité des preuves*, § 863, p. 449, 450.

Griolet, *De l'autorité de la chose jugée*, p. 113.

(5) Cassation, 5 juin 1821, Sirey, 21, 1, 341 ; — 12 août 1851, D. 51, 1, 235 ; — 7 janvier 1873, D. 74, 1, 470 ; — 30 décembre 1878,

n'ont pas force de chose jugée en principe, et que cette règle ne souffre exception que lorsque les motifs servent à « éclairer le dispositif et à en dégager une décision qui ne s'y trouve pas expressément formulée (1) ». C'est ainsi qu'un arrêt de la Cour suprême du 30 août 1832 a décidé avec raison qu'un jugement qui, pour repousser une demande en pétition d'hérédité, ne se fonde pas uniquement sur le défaut de justification de la qualité héréditaire, et attribue au réclamant sans nécessité dans ses motifs une filiation autre que celle en vertu de laquelle il agissait, ne peut acquérir l'autorité de la chose jugée sur la question de filiation. Il est vrai que deux arrêts forts anciens du 25 pluviôse an II et du 15 juin 1818 semblent s'être prononcés en sens contraire (2); mais, dans les espèces soumises à leur appréciation, la question

D. 79, 1, 231; — 17 mars 1880, Sirey, 82, 1, 405; — 17 juillet 1881, Sirey, 82, 1, 12. « L'arrêt attaqué dans son dispositif qui seul constitue la chose jugée...... » (17 juillet 1881). « Attendu que l'autorité de la chose jugée ne peut s'attacher à des motifs impliquant un préjugé quelconque qui n'a pas pris place dans le dispositif ». (30 décembre 1878, Dall., *l. c.*).

(1) Balleydier, *l. c.*, p. 21. Cf. aussi les auteurs cités plus haut. Cassation 28 juin 1869, D. 1871, 1, 223; — 19 mars 1872; D. 1873, 1, 67: — « Attendu, dit ce dernier arrêt, qu'il résulte de la combinaison des motifs qu'il a été jugé..... ; que si cette déclaration du jugement ne se trouve mentionnée explicitement que dans les motifs, elle est confirmée par le dispositif... Que c'est donc avec raison que l'arrêt attaqué a reconnu au jugement l'autorité de chose jugée ».

(2) Nous retrouverons ces arrêts plus loin, p. 20.

de l'autorité des motifs se trouvait mêlée, comme elle ne l'est que trop souvent, à celle de l'autorité de la chose jugée sur une demande incidente. Ces deux arrêts doivent donc être écartés comme n'offrant rien de probant ; ils ne constitueraient d'ailleurs que des exceptions, et la règle est aujourd'hui établie d'une manière si ferme et si stable, que la Cour de cassation a affirmé plusieurs fois que la qualité de commerçant, par exemple, reconnue par un jugement, n'a pas autorité de chose jugée, puisqu'elle ne constitue qu'un motif (1) ; ou encore qu'après une demande inutile en interdiction, en déclaration de faillite, etc., les faits invoqués, n'ayant pas cette même autorité, peuvent être joints postérieurement à des faits nouveaux pour être articulés à l'appui d'une seconde demande (2). Une conséquence de ce système aujourd'hui généralement adopté est que la tierce opposition ne peut être admise contre les motifs d'un jugement, sauf dans les cas exceptionnels où les motifs d'une décision, servant à éclairer le dispositif, constituent la chose jugée (3).

La question d'état tranchée incidemment a-t-elle

(1) Cassation, 12 août 1827, rapporté dans Griolet, *l. c.*

(2) Cassation, 13 mars 1860, D. 1860, 1, 400 ; Jugé en ce sens pour la séparation de corps.

(3) Cf. Tissier, *Tierce opposition*, § 134.

la même force de chose jugée que si elle avait fait l'objet d'une instance principale? La négative a été longtemps soutenue. « Et encore, pour avoir et acquérir un jugement de telle conséquence, dit d'Argentré (1), il faut qu'il soit donné sur la querelle de l'estat ou du gouvernement principalement, et comme ils disent par soy, car s'il estait donné incidemment sur un procès, où il fust question d'autre chose que d'estat, cela ne ferait pas semblable conséquence contre aultruy ny contre la partie mesme. Et ne s'ensuyvrait autre effect, ny pour autres parties, ny pour autre procès que celui qui aurait été jugé et entre les mesmes parties ».

Après d'Argentré, et depuis le Code, Toullier, s'appuyant sur des textes du Digeste (2), soutient que d'une question d'état incidemment tranchée résulte un simple préjugé, qui ne peut suffire à donner à un individu des droits aussi étendus que les droits de famille. Merlin, transportant la question sur un autre terrain, s'en rapporte aux termes d'un arrêt de la Cour de cassation du 5 juin 1821, suivant lequel « il est indispensable pour constituer la chose jugée sur un objet quelconque, qu'il y ait des conclusions prises par les parties sur ce chef, et une disposition d'un ju-

(1) *Avis sur le partage des nobles*, question 29, n° 8.

(2) L. 10, D. 1.6; — L. 5 § 9, et l. 15 § 4, D. 42, 1. Cf. notre thèse romaine, ch. III, p. 78. Cf. Toullier, t. X, n° 229 et l'arrêt cité de la Cour de cassation du 10 mars 1808, Sir. 1808, 1, 231.

gement qui en prononce ou en rejette l'admission (1) ». D'après Merlin, la vraie doctrine est celle-ci : lorsqu'à la suite de conclusions prises par les parties le jugement se prononce formellement dans son dispositif, il y a chose jugée ; mais, « s'il se borne à prendre pour motif l'idée qu'il s'est, d'après le débat incidentel, formée de l'état contesté à une partie, la question d'état demeure entière ». Nous n'avons pas à apprécier la vérité de cette assertion en droit d'une manière générale et pour les demandes étrangères à l'état ; mais quant aux questions d'état, la jurisprudence et la très grande majorité des auteurs admettent depuis longtemps que la contestation n'ayant été élevée qu'incidemment, le jugement qui la résout n'a pas moins d'autorité à cet égard que s'il avait été rendu sur une action principale en réclamation ou en contestation de l'état (2). « C'est un principe de raison et de logique que l'autorité de la chose jugée s'attache non seulement à ce qui a été jugé principalement, mais encore à ce qui a été jugé incidemment sur les conclusions prises par les parties. Et voilà comment un jugement rendu sur une question d'état proposée incidemment comme préjudicielle a l'autorité de la chose jugée, de même que si la question avait été soulevée

(1) Merlin, *Rép.*, t. 17, V. *Question d'état*, art. III, § 2.

(2) Demolombe, t. VII, nº 293 ; Larombière, sous l'article 1351, nºs 31, 85 et 87 ; Aubry et Rau, § 769, n. 113.

par voie d'action principale (1) ». La vraie raison et l'étendue de cette dérogation ont été mises en lumière par M. Larombière et par MM. Aubry et Rau. En général les questions d'état constituent par elles-mêmes un ensemble de rapports juridiques aussi susceptibles de faire l'objet principal d'un débat que d'être introduits incidemment dans une contestation ; s'il en est ainsi lorsque la question d'état se trouve engagée accessoirement à un autre intérêt déterminé, quel qu'il soit, son importance est si considérable qu'elle forme un « litige principal et indépendant, en ce sens qu'elle doit être résolue pour elle-même, et non pas seulement pour la décision de la contestation qui a donné lieu à l'instance (2) ». Tel est le seul vrai motif de la règle, telle est aussi la limite de son étendue ; il en résulte qu'à l'inverse, toutes les fois que la question d'état ne peut pas faire l'objet d'un débat principal, soit qu'il s'agisse de la nationalité qui n'est pas susceptible d'être réclamée ou contestée directement (3), soit qu'une qualité purement accidentelle, comme par exemple celle de commerçant, soit mise en jeu, les décisions spéciales que contient le jugement à cet égard n'ont pas force de chose jugée et n'ont qu'un effet limité à l'instance même : car ces questions d'état ou ces qualités accidentelles ne constituent qu'une sim-

(1) Demolombe, *l. c.*
(2) Aubry et Rau, *ibid.*
(3) Cf. chap. III, section III, § 1, p. 75.

ple cause de demande ou d'exception, qui ne peut être détachée du litige particulier qui fait le principal objet du procès. La jurisprudence a adopté cette doctrine dans plusieurs arrêts (1), et même elle en a fait application en déniant à un héritier du mari, repoussé dans l'action en désaveu proposée sous forme de contestation de légitimité d'un enfant, comme moyen de défense à une demande en rectification de l'acte de naissance de cet enfant, le droit de saisir les tribunaux de l'action principale en désaveu de paternité (2). Elle a décidé également que l'arrêt qui prononce révocation d'une donation pour cause de survenance d'enfant s'oppose à ce que le donataire demande ultérieurement que l'acte de naissance de celui-ci soit déclaré faux (3). Et, comme conséquence de l'adoption de ces principes, elle a admis la tierce opposition d'un enfant contre un arrêt, qui, en annulant une donation faite à sa mère comme personne interposée, appréciait indirectement l'état de cet enfant (4). Il y a lieu d'applaudir à toutes ces décisions qui mettent obstacle à des renouvellements de contestations très préjudicia-

(1) Nous citons pour mémoire deux très anciens arrêts du 25 pluviôse an II (Dalloz, *Chose jugée*, n° 163) et du 15 juin 1818 (cité par Laurent, t. III, n° 487) qui n'ont guère qu'un intérêt historique dans la matière, la jurisprudence étant très riche en décisions analogues.

(2) Cassation, 31 décembre 1834, D. 35, 1, 5.

(3) Cassation, 13 février 1860, D. 60, 1, 346.

(4) Cass., 1er août 1827; D. 1827, 1. 436. — Cf. Tissier. *l. c.*, § 133.

bles au bon ordre. D'ailleurs, depuis une quinzaine d'années, la Cour suprême est entrée plus avant dans cette voie, et tend à considérer toutes les questions d'état, même incidentes, comme des questions principales. C'est à propos des audiences solennelles exigées par le décret du 30 mars 1808 pour toutes les contestations d'état principales, que s'est établie cette jurisprudence assez étrange en droit, mais dont le but n'en est pas moins louable : car elle étend ainsi aux demandes incidentes la protection et les garanties consenties par la loi aux demandes principales relatives à l'état (1).

Depuis 1879, la formule de la Cour de cassation est la suivante : « Attendu que, si la règle d'après laquelle les contestations sur l'état civil des citoyens doivent être jugées par les cours d'appel en audience solennelle, fléchit lorsque la question d'état n'a été soulevée qu'incidemment et comme défense à l'action publique, elle reprend tout son empire, lorsque, par l'effet des conclusions respectives des parties, la Cour saisie de la demande originaire est appelée à statuer par une disposition spéciale sur l'état civil de l'une des parties, devenu l'objet principal et dominant du débat (2) ». Ainsi doit être considérée comme principale une réclamation d'état formée dans une instance

(1) Cf. Balleydier, *Les questions d'état devant la Cour d'appel*, p. 22.

(2) Cass., 13 août 1888. Sir., 89, 1, 325.

en partage par le demandeur, à qui le défendeur conteste sa filiation (1), ou une demande en nullité de mariage faite par le mari défendeur au cours d'une instance en séparation de corps (2). La Cour suprême a étendu cette règle aux demandes reconventionnelles, et elle a jugé qu'une question d'état soulevée reconventionnellement à une délivrance de legs doit être considérée comme principale, lorsqu'elle ne constitue pas un moyen de défense à cette dernière action et lorsqu'elle a un objet distinct (3). Mais c'est surtout dans les instances en pétition d'hérédité que cette règle de jurisprudence offre des applications du plus haut intérêt : ainsi une demande en nullité de reconnaissance d'enfant naturel ou une demande en nullité d'adoption formées au cours d'une instance en pétition d'hérédité ou en nullité de testament doivent être considérées comme principales (4). Ce n'est guère qu'à l'égard des audiences solennelles que la Cour suprême a rendu toutes ces décisions, mais il est à remarquer qu'au point de vue tout spécial qui nous occupe, celui de la force de la chose jugée qui doit être attribuée aux demandes incidentes concernant l'état, cette ju-

(1) Même arrêt.

(2) Cass., 18 et 25 mars 1884, Sir., 85, 1, 215. L'ordonnance des 16-27 mai 1835 soustrait en effet aux audiences solennelles les appels relatifs aux séparations de corps.

(3) Cass., 30 juin 1879, Sir., 81, 1, 397.

(4) Cassation, 16 février 1881, Sir., 83, 1, 369. Sur tous ces points, cf. Balleydier, *l. c.*, p. 22 et suiv.

risprudence relativement récente coupe court à toutes les difficultés et supprime même la nécessité de recourir à celle que nous avons antérieurement signalée ; et en effet, si toutes les demandes relatives à l'état doivent être considérées comme principales, il n'y a plus lieu de se poser une question résolue d'avance : elles jouissent toutes à ce titre de l'autorité de la chose jugée.

Nous n'avons envisagé jusqu'ici que les conditions de la chose jugée dans les procès relatifs à l'état des personnes en matière purement civile ; il nous reste à examiner l'influence des jugements des tribunaux civils concernant l'état sur les poursuites criminelles postérieurement exercées, et l'autorité des décisions rendues incidemment sur des questions d'état par les tribunaux de répression.

En principe, la chose jugée au civil est sans influence au criminel (1) ; ce principe ne souffre exception que dans le cas où la question de droit civil à trancher est préjudicielle à l'action publique (2), ou lorsque le jugement civil crée un rapport de droit nouveau.

(1) Cf. Cass., 6 mars 1857, D. 1857, 1, 180 ; — 10 août 1878, Sir., 79, 1, 481.
(2) Cass., 6 mars 1857, D. 1857, 1, 180.

Ces deux cas peuvent-ils se présenter en matière d'état?

Il est très douteux que l'on doive admettre au criminel l'autorité des jugements constitutifs d'un état nouveau ; il est même peu probable, bien que M. Griolet le prétende, que ce soit à ce titre qu'à la suite d'un jugement qui annule un mariage (1), l'adultère antérieurement commis par la femme ne pourrait plus être poursuivi, à supposer que la validité du mariage ne fût pas considérée comme préjudicielle (2).

D'autre part il est incontestable qu'en matière de suppression d'état (art. 326 et 327 C. civ.) le jugement des tribunaux civils a force de chose jugée à l'égard des tribunaux de répression, puisque l'action criminelle ne peut alors « commencer qu'après le jugement définitif sur la question d'état ». De ces articles il résulte que, pour qu'une instance soit réputée préjudicielle au point de vue de l'influence du jugement civil sur l'action publique, il est nécessaire que cette instance constitue une exception qui suspende la poursuite, et que le jugement de cette exception ait été formellement attribué par la loi à la juridiction

(1) D'ailleurs le jugement qui prononce la nullité d'un mariage n'est pas constitutif, mais simplement déclaratif. Cf. plus bas sur la distinction des jugements constitutifs et déclaratifs, ch. III, sect. I, p. 54.

(2) Griolet, p. 327.

civile (1). Mais les articles 326 et 327 contiennent-ils des dispositions exceptionnelles, ou ne sont-ils qu'une application d'une règle commune à toutes les instances relatives à l'état? Autrement dit, y a-t-il d'autres questions d'état dont la juridiction de répression ne peut pas connaître incidemment, et en présence desquelles elle devra surseoir à la poursuite ou au jugement, jusqu'à ce qu'une décision ait été rendue par les tribunaux civils? La question est importante, puisque l'influence de la chose jugée quant à l'état dépend entièrement de la manière dont elle sera résolue. La loi ne s'est pas prononcée sur l'étendue et sur le nombre des questions préjudicielles; mais on sait que la Cour de cassation a créé à ce sujet une jurisprudence prétorienne, en votant à l'unanimité le 5 novembre 1813 la fameuse note du président Barris (2), qui, après avoir posé un principe, y apporte une exception relative aux questions d'état. D'après cette note, « tout juge compétent pour statuer sur un procès dont il est saisi l'est par là même pour statuer sur les questions qui s'élèvent incidemment dans ce procès, quoique d'ailleurs ces questions fussent hors de sa compétence, si elles lui étaient proposées principalement. Il faut une disposition formelle

(1) En ce sens, Faustin Hélie, t. III, § 185, p. 671.

(2) Voyez cette note dans Mangin, *Traité de l'action publique et de l'action civile en matière criminelle*, t. I, p. 578-586, et p. 475-476.

de la loi pour ne pas faire l'application de ce principe ». Voilà la règle de jurisprudence, qui jouit d'une autorité presque égale à celle de la loi ; voici maintenant la dérogation qui nous intéresse : l'article 326 n'est, daprès la jurisprudence, qu'une application d'un principe sous-entendu par les rédacteurs du Code, et d'après lequel les questions d'état seraient de la compétence exclusive des tribunaux civils. La Cour de cassation a décidé, conformément à la note du président Barris, que la nullité du premier mariage invoqué par un individu accusé de bigamie devait faire l'objet d'une question préjudicielle (1). La plupart des auteurs se sont élevés avec raison contre cette manière de voir. Les articles 326 et 327 ne visent pas les *questions d'état*, mais bien les *réclamations d'état* (2), que le législateur a soumises à un régime spécial, pour des raisons qu'on l'on ne s'explique pas très bien, et surtout dans la crainte chimérique de voir les parties prendre la voie criminelle pour échapper à des conditions de preuve que la loi civile exige : crainte non fondée, puisque les tribunaux criminels ne pourraient admettre d'autres moyens de preuve que ceux qui seraient reçus par la loi civile (3). Nous croyons que, en

(1) La Cour suprême est entrée tout d'abord dans des distinctions de nullité absolue ou relative du premier mariage, qu'elle a abandonnées depuis. Cass., 13 août 1867, *Gaz. du Palais*, 28 août 1867.

(2) Griolet, p. 330.

(3) La jurisprudence est constante. Cf. Demolombe, t. V, p. 251.

dehors de ces articles, le droit commun reprend son empire. Et, d'une part, la question d'état jugée au civil avant la poursuite et le jugement des tribunaux de répression n'a pas force de chose jugée, sauf entre les parties : c'est ainsi qu'un mari sera débouté de la plainte en adultère formée contre sa femme par voie de citation directe devant le tribunal correctionnel, lorsque son mariage aura été préalablement annulé par le tribunal civil. D'autre part, les tribunaux de répression peuvent, en dehors des articles 326 et 327, connaître incidemment des questions civiles dont l'examen est nécessaire à la décision criminelle. Quel sera alors l'effet de la question d'état incidemment tranchée par une juridiction de répression ? Devra-t-on dire que, à l'exemple de la question d'état tranchée incidemment par la juridiction civile, elle aura force de chose jugée ? ou devra-t-on lui refuser toute autorité ? On estime généralement qu'il n'y aura chose jugée qu'entre les parties, mais seulement au point de vue criminel, et eu égard au seul objet principal du débat. Cela revient à dire qu'il n'y a pas chose jugée, puisque le même débat pourra se rouvrir dans des circonstances analogues et entre les mêmes parties, à la suite de faits nouveaux.

et les arrêts cités, notamment l'arrêt de Cassation du 23 décembre 1835, qui exige que devant le tribunal correctionnel statuant sur une violation de dépôt, la preuve du dépôt soit faite conformément à l'article 1341.

La décision rendue par un tribunal correctionnel sur un moyen de défense tiré du droit civil ne s'étend pas au delà du fait incriminé ; il n'y a pas chose jugée à l'égard des poursuites exercées pour des faits postérieurs contre le même individu, et si ces faits donnent lieu à la même exception, il devra être de nouveau statué sur l'exception. C'est du moins ce qui a été jugé par la Cour de cassation en matière de brevets dès 1857, et d'après ses motifs où elle invoquait l'article 1351 du Code civil et l'article 360 du Code d'Instruction criminelle la Cour suprême prétendait bien appliquer le droit commun (1). Un individu poursuivi pour contrefaçon, et acquitté après avoir prouvé la nullité ou la déchéance du brevet, peut être poursuivi postérieurement à raison de nouveaux faits, et la question de validité du brevet peut être agitée de nouveau (2). De même, en appliquant le principe de cette jurisprudence à l'état des personnes, si l'on suppose par exemple, contrairement à l'opinion de la jurisprudence, que la question relative à la validité ou à la nullité du premier mariage soulevée par un individu au cours d'un procès de bigamie, ne fait pas l'objet d'un débat préjudiciel exclusivement réservé

(1) Cass., 29 avril 1857, D. 1857, 1, 137. « Attendu qu'en cette matière comme en toute autre, le tribunal correctionnel n'est juge de l'exception que dans la mesure et les limites de l'action ».

(2) Pourtant l'effet est absolu, lorsque le jugement a été rendu à la requête du Ministère public, et a prononcé la nullité du brevet. — Cf. plus bas, chap. III, sect. III, § 3, D., p. 129.

aux tribunaux civils (1), il y aurait lieu de décider que la condamnation pénale pour bigamie, ou l'acquittement de l'accusé, ne prouve rien même au criminel, quant à la validité ou quant à la nullité de ce premier mariage, en dehors du procès même de bigamie ; ou encore, à supposer que la question de nullité du mariage ne soit pas préjudicielle dans un procès d'adultère, la décision rendue par le tribunal correctionnel n'aurait aucune autorité en dehors de la poursuite même.

En résumé, il y a chose jugée lorsque devant les tribunaux civils la question d'état principale ou incidente a fait l'objet de conclusions des parties, et se trouve tranchée dans le dispositif du jugement. Il y a chose jugée également à l'égard des tribunaux de répression, alors que la question d'état est préjudicielle à l'action publique.

Quant aux décisions rendues incidemment en matière d'état par la juridiction répressive, elles n'ont en réalité jamais force de chose jugée, puisque, entre les parties elles-mêmes, elles sont limitées au débat principal ; elles peuvent être plus tard contestées à nouveau, et devant la même juridiction. Nous n'avons

(1) C'est l'opinion contraire à celle de la jurisprudence et d'un grand nombre d'auteurs. Cf. Merlin, *Rép.*, V° *Bigamie* ; Mangin, *l. c.*, n°s 193 et suivants.

d'ailleurs pas la prétention d'avoir présenté des développements complets sur les conditionsde la chose jugée en matière d'état de personnes; nous avons voulu nous borner à en donner une idée générale qui nous permît de délimiter l'étendue du sujet que nous allons aborder maintenant.

CHAPITRE II

THÉORIE DU LÉGITIME CONTRADICTEUR ; HISTORIQUE ; ARGUMENTS ; RÉFUTATION.

L'application du principe de la relativité de la chose jugée aux procès d'état est aujourd'hui chose incontestée ; mais il n'en a pas toujours été ainsi, et d'après une opinion longtemps accréditée en France, et dont on avait cru trouver dans le droit romain la source et la justification, les jugements relatifs à l'état des personnes auraient échappé aux règles ordinaires de la chose jugée : il leur aurait suffi d'avoir été rendus avec un légitime contradicteur, pour fixer invariablement et *erga omnes* la condition de celui dont l'état était discuté.

Nous avons soutenu déjà (1) et nous espérons avoir prouvé que les textes du Digeste et du Code n'autorisent nullement une pareille opinion. Il nous reste à démontrer que, fût-elle issue réellement du droit romain, il faudrait néanmoins lui refuser accès dans le droit civil actuel.

Cette théorie du légitime contradicteur est bien une *construction*, pour nous servir d'un terme favori

(1) Cf. le chapitre III de notre thèse romaine.

de la science germanique, car elle a été bâtie de toutes pièces ; mais elle péchait par la base, et il y a beau temps que l'édifice est ruiné de fond en comble. Nous ne nous arrêterons donc pas longtemps à cette théorie, mais il convenait de la signaler au passage et de la résumer brièvement au début d'une étude sur l'effet des jugements en matière d'état, ne fût-ce que pour la réfuter, puisqu'elle constitue le premier système auquel on se soit rattaché en matière d'état, puisqu'elle a eu son heure de gloire sur la scène juridique, puisqu'enfin il est bon, tout en la rejetant dans son ensemble, d'en retenir l'idée principale et la première origine : la nécessité pratique d'attribuer, par un moyen quelconque, l'effet absolu aux jugements relatifs à l'état.

Née d'une fausse interprétation et d'une généralisation trop hâtive de textes d'ailleurs peu probants, la théorie du légitime contradicteur n'était pas très répandue dans l'ancien droit, mais on la trouve enseignée par la presque unanimité des auteurs qui ont songé à rapprocher les deux matières de la chose jugée et de l'état des personnes. Il y avait là, on l'a fait remarquer, moins une doctrine qu'une tradition mal définie ; aussi des auteurs très exacts l'ont-ils omise, et Pothier lui-même a-t-il conservé le silence à son endroit. Cette tradition fut recueillie dans l'*Avis sur le partage des nobles*, opuscule de d'Argentré (1), qui

(1) *Avis sur le partage des nobles*, q. 29, n° 16.

en fut le premier et peut-être le plus chaud partisan. Elle fut développée depuis le Code par Toullier et par Bonnier (1). Duranton l'abandonna dans sa seconde édition (2), et Proudhon qui l'avait acceptée dans son « Etat des personnes », la rejeta dans l' « Usufruit (3) ».

Partout où elle est exposée, on l'appuie sur l'autorité de d'Argentré et sur la fameuse question 29 : « Si une sentence donnée en matière de partage ou d'état fait droit en conséquence contre autres descendants ou collatéraux héritiers en même succession ».

Le jugement relatif à l'état jouit d'une autorité absolue, pourvu qu'il réunisse les conditions qui, d'après les créateurs de cette doctrine et les commentateurs (4), étaient exigées par la législation romaine :

1° jugement contradictoire ;

2° sans collusion ;

3° rendu contre le contradicteur légitime.

« La commune et attestée résolution, dit d'Argentré (5), est qu'un jugement ou sentence donnée sur la

(1) Toullier, t. X, §§ 216 et suiv. ; Bonnier, *Traité des preuves*, § 889.

(2) Duranton, t. XIII, §§ 526, 527.

(3) Proudhon, t. II, page 109, *De l'Etat des personnes* ; — *Usufruit*, t. III, n°s 1357, 1358.

(4) Huberus, Inst., *de actionibus*, n° 15. — Vinnius, *Partit. juris*, l. IV, ch. 47. « *In causa status sufficit pronuntiatum esse*, legitimo contradictore præsente, *de re principali, ut valeat sententia inter omnes in iis, quæ status secum affert et inde pendent* ».

(5) D'Argentré, *l. c.*, q. 29, n° 1.

qualité de l'état de la personne fait droit et conséquence contre tous, pourvu que telle sentence ou jugement soit donnée parties ouyes et non par contumace, ny aussi par intelligence ou collusion. Tellement que, si en matière d'état il se donnait sentence entre le père et le fils sur la noblesse, ce qui serait jugé ferait conséquence à tous ceux non seulement qui en descendraient, mais mesmement entre toutes personnes ; autant s'en dirait sur la légitimation ou naturalité ».

Tels sont les principes que l'on applique aux questions de filiation, qui semblent avoir dominé l'esprit des partisans du système, au point de leur faire oublier jusqu'à l'existence d'autres questions d'état.

Qu'est-ce donc que le contradicteur légitime ? C'est aux yeux de d'Argentré « celui qui a le premier et principal intérêt (1) ; pour d'autres, c'est celui qui a le plus proche et le primitif intérêt » : définitions très précises dans la forme, mais dont le contenu est si vague, que, dans les différentes espèces, les auteurs ne sont jamais parvenus à s'entendre. La détermination de ce légitime contradicteur est pourtant bien importante : c'est lui qui tient entre ses mains le sort de tous autres individus, qui seront atteints par le jugement, sans y avoir été parties, « comme par la réflection du soleil, ou de la reluisance qui se rejette

(1) D'Argentré, q. 29, n° 7.

d'un miroir touché du soleil, contre une paroy que le soleil même ne touche point (1) ». Aussi est-ce là l'objection la plus grave que l'on puisse faire au système : le Code aurait dû désigner dans chaque matière le contradicteur légitime, s'il avait existé réellement dans la pensée des rédacteurs ; ou, pour mieux dire, ceux-ci n'ont jamais songé à adopter une théorie dont le défaut d'entente de ses partisans montre avec évidence le vice capital : l'extrême difficulté de désigner un représentant pour suivre l'action de manière à concilier les intérêts de justice et d'ordre public (2).

Quoiqu'il en soit, le contradicteur légitime nous apparaît comme le représentant imposé par la loi à tous les intéressés et dans la personne duquel ces derniers sont censés avoir figuré en justice, et y avoir discuté contradictoirement avec l'adversaire la question d'état litigieuse. En raison de son intérêt principal et dominant, la loi lui confère qualité pour représenter dans cette instance tous ceux qui ont un intérêt parallèle, mais accessoire et secondaire.

C'est ainsi que, dans la réclamation d'état que les auteurs ont eue en vue presque exclusivement, doivent être considérés comme contradicteurs légitimes :

(1) D'Argentré, q. 29, n° 7.

(2) Cette objection tirée de la difficulté de déterminer les contradicteurs légitimes n'a pas paru convaincante à Rodière (*Solidarité et indivisibilité*, n° 401) : c'est aux juges d'après lui à agir avec discernement. — Mais n'est-ce pas laisser aux juges une trop large part d'appréciation ?

1° Le père et la mère qui, d'après la majorité des auteurs, ne se représentent pas l'un l'autre ; l'époux survivant ne représenterait même pas après la mort de l'autre des héritiers de l'époux prédécédé.

2° Les enfants déjà nés au moment du procès ; mais pour les uns, ils seraient censés représentés par leurs parents, si le jugement leur profitait ; pour les autres au contraire, ils devraient être toujours appelés pour qu'il y eût chose jugée soit à leur détriment, soit même à leur avantage.

3° Si les parents sont décédés au moment de l'instance, les enfants issus du mariage, à supposer qu'il en existe, et au cas contraire les parents les plus proches en degré dans chaque ligne. Mais ici on tombe tout à fait dans l'arbitraire.

Ces légitimes contradicteurs une fois appelés, et le jugement rendu contre eux, il y a chose jugée *erga omnes*.

Mais si quelques-uns d'entre eux seulement ont été parties au procès, les autres ne peuvent être considérés comme représentés dans l'instance, puisque ceux qui y ont figuré n'avaient pas un intérêt plus proche ; la chose jugée n'aura donc qu'un effet relatif. C'est ce qui a lieu, lorsque, l'enfant étant mort, l'action en réclamation d'état n'est intentée que par quelques-uns de ses héritiers ; ou bien lorsqu'un individu n'intente l'action en réclamation d'état que contre quelques-uns des héritiers de celui dont il prétend être l'enfant légitime. C'est ainsi encore que l'enfant déclaré légitime vis-à-vis de sa mère ne le serait point par cela même vis-à-vis de son père et réciproquement (1).

Enfin si aucun des légitimes contradicteurs n'a été présent au procès, si le jugement, au lieu d'être contradictoire, a été prononcé par défaut, il n'a d'autorité que contre le défaillant, et non contre ceux qui n'ont été ni parties ni appelés.

Il convient de donner quelques détails sur cette condition du jugement rendu « parties oüyes » (2) qui serait exigée selon d'Argentré et Toullier par la loi 27 par. 1 *de liberali causa*, et qui est en réalité étrangère au droit romain (3). « *Si ea persona desit cognitioni, quæ alicui status controversiam faciebat, in eadem causa est qui de libertate sua litigat qua prius fuit quam de libertate controversiam patiatur. Sane hoc lucratur quod is qui eam controversiam faciebat amittit suam causam. Nec ea res ingenuum facit eum qui non fuit.* Nec enim penuria adversarii ingenuitatem solet tribuere ».

D'Argentré conclut de ce texte « qu'il est fort raisonnable de remettre les choses en cognoissance, et oüy celui qui ne l'a été (4) », et Toullier fait observer

(1) Bonnier, § 889 *in fine*.

(2) Pour la discussion des textes sur lesquels on prétend fonder l'action du légitime contradicteur, V. notre thèse romaine, chap. III, p. 78 et suiv.

(3) Cf. Merlin, *Rép.*, V° *Question d'état*, par. III, art. 3.

(4) D'Argentré, *l. c.*, q. 29, n° 4.

à ce propos que « ce que veulent les lois, ce que veut la raison, c'est que la question soit décidée en pleine connaissance de cause et que le défaut d'un contradicteur n'emporte pas une décision qui doit avoir l'effet d'une loi pour tous les citoyens ».

Mais il faut dire que la citation du passage est tronquée. La loi 27 *de liberali* prévoit deux situations : 1° le défaut du *dominus* demandeur à la *vindicatio in servitutem* ; 2° celui du *servus* défendeur à la *proclamatio in libertatem*. Ces deux situations demandent, d'après Ulpien, des solutions différentes. Dans le premier cas, et à supposer que le défendeur n'ajourne pas sa défense, le juge doit prononcer non pas que l'esclave prétendu est ingénu, mais qu'il n'est pas l'esclave du demandeur (*servum illius non videri*). L'ingénuité n'est donc prononcée que d'une manière relative. Dans le second cas, la cause sera rayée, à moins que le demandeur ne prouve son ingénuité ; le jugement qui le déclarera ingénu aura effet absolu. Et pourtant dans l'un et l'autre cas il y a défaut du contradicteur légitime. Si donc la loi n'a point attribué au jugement un effet relatif dans les deux espèces, c'est qu'elle n'a pas eu surtout en vue le défaut d'adversaire.

A vrai dire, les juges ont à statuer dans la première espèce sur un rapport entre deux personnes, sur une question d'état purement relative ; dans la seconde, ils ont à connaître « d'une demande en déclaration pure et simple d'ingénuité » ; l'effet du jugement correspond donc exactement à la nature de la demande, et diffère selon son objet. Il faut conclure avec Merlin que le prétendu privilège de l'effet absolu, à supposer qu'il existe en droit romain, n'est pas plus étranger aux jugements par défaut qu'aux jugements contradictoires.

Si les partisans de la théorie du légitime contradicteur ont cru ou voulu trouver une pareille règle dans les textes, ce n'est que dans l'intérêt de leur cause ; la rigueur d'une solution tendant à imposer à tous l'autorité de la chose jugée contre un seul entraînait après elle comme correctif nécessaire la relativité de l'effet de la chose jugée, lorsque le contradicteur légitime n'aurait pas été en fait entendu.

En dépit de ce correctif, la théorie du légitime contradicteur est aujourd'hui repoussée par la plupart des commentateurs du Code civil. Déjà à une époque où elle régnait souverainement, Merlin l'avait combattue en invoquant la loi 63 D. *de re judicata* et la loi 19 C. *de liberali causa*, et il avait bien su montrer que « l'on doit considérer comme légitime contradicteur et par conséquent mettre en cause, sous peine de courir de sa part la chance d'une tierce opposition, tout individu qui, n'étant représenté par aucune des parties qui figurent au procès au moment où l'action s'engage, a un intérêt né et actuel à ce qu'elle soit accueillie ou rejetée ».

Depuis le Code, la théorie a perdu du terrain de plus en plus, et depuis longtemps (M. Griolet le constatait déjà dans son remarquable mémoire sur la chose jugée), tous les auteurs concluent avec Laurent qu'elle est étrangère au Code civil (1). Et en effet, dans le silence des textes, nous aurions bien le droit de faire application des principes généraux de la chose jugée ; mais c'est une exception aux principes que les partisans de cette opinion prétendent introduire dans la loi ; ils font œuvre de législateurs, et en la faisant, ils dépassent leurs droits.

De son côté, la jurisprudence n'a guère adopté formellement la théorie du légitime contradicteur, bien qu'en pratique elle l'ait appliquée quelquefois.

Dans l'ancien droit on doit citer en ce sens un arrêt du parlement de Paris du 4 février 1689. Depuis le Code, un arrêt de cassation du 6 juillet 1836 (2), qui faisait application de l'article 1166 du Code civil en déniant à un créancier le droit d'intervenir dans une question d'état, a bien énoncé dans un de ses motifs : « Que de pareilles actions, intentées, exercées et jugées avec les contradicteurs légitimes, membres de la famille, sans dol et sans fraude, au préjudice des tiers, fixent l'état de la famille à l'égard des tiers » ;

(1) Griolet, p. 67, 69, p. 138 et suiv. — Demolombe, t. V, nos 307-324. — Valette sur Proudhon, p. 112. — Duranton, 2e éd. t. XIII, nos 526, 527. — Aubry et Rau, § 769, Laurent, t. III, p. 487, 493. — Larombière, n° 131, sous l'art. 1351.

(2) Griolet, *l. c.* — Sirey, 36, 1, 633.

mais l'arrêt que nous citons était étranger à la question même, et ce motif n'a qu'un rapport très éloigné avec l'objet même du jugement ; enfin il s'agissait dans l'espèce du désaveu de paternité, et l'effet de la chose jugée est soumis en cette matière à des règles toutes spéciales à la nature même de l'action (1).

L'arrêt dans lequel la jurisprudence s'est le plus compromise en faveur du contradicteur légitime a été rendu par la Cour de Montpellier le 10 mai 1864 (2) ; il repoussait l'action en réclamation d'état intentée contre un individu et sa fille à raison de l'ouverture des successions de la prétendue mère et du prétendu père du réclamant, lorsqu'un jugement antérieur l'avait déjà repoussée vis à vis du prétendu père : « Attendu que celui qui réclame l'état d'enfant légitime doit former sa demande contre les deux époux dont il se prétend issu, ou leurs représentants, parties principalement intéressées ; *que la décision rendue avec ses contradicteurs naturels et légitimes fixe irrévocablement et envers tous son état d'enfant légitime, si sa demande est accueillie, sauf le cas de collusion et de fraude* ; *que, par la même raison, elle établit irrévocablement et envers tous, qu'il n'est pas enfant légitime du père et de la mère dont il se prétend issu, si sa demande est rejetée* ».

(1) Cf. plus bas notre chap. III, section II.

(2) Sir., 66, 1, 89. Cf. aussi Cassation 6 janvier 1809, Sir., 1809, 1, 49, et rapporté par Toullier, t. X, § 225.

Saisie du pourvoi, la Cour de cassation, dans un arrêt du 3 janvier 1856 (1), évita, ainsi que Bonnier le fait remarquer, de se prononcer sur le fond même de la théorie ; elle se borna à décider « que procéder contre le mari seul en semblable matière, c'était d'avance accepter pour soi comme définitive et absolue, la décision à intervenir ».

La Cour d'appel s'était fondée sur l'indivisibilité de l'état et elle avait invoqué la théorie du contradicteur légitime. La Cour de cassation ne motivait son arrêt ni sur l'une ni sur l'autre ; aussi Bonnier lui reproche-t-il de n'avoir pas considéré la femme et les enfants comme légitimes contradicteurs (2) ; mais elle fondait l'effet absolu sur le fait même du réclamant qui n'avait mis en cause qu'un seul des époux. Ainsi l'autorité de la chose jugée dépendrait du fait du demandeur ! cela est inadmissible (3). La Cour aurait mieux fait de s'en rapporter aux termes d'un arrêt précédent du 9 mai 1821 (4), qui repoussait de la manière la plus catégorique toute idée de représentation de la famille par un de ses membres, considérant « que les droits de famille sont acquis aux enfants par le seul fait de la naissance en mariage légitime ; que, respectivement à ces droits, leurs auteurs ne peuvent ni les obliger

(1) Sir., 66, 1, 89.
(2) Bonnier, § 889.
(3) Laurent, t. III, n° 489.
(4) Dalloz, *Ch. J.*, n° 273. Bonnier, p. 494.

par leur fait, ni les représenter dans les instances, où ces enfants n'ont pas été personnellement appelés » ; et la Cour ouvrait ainsi à un enfant légitime la voie de la tierce opposition contre un jugement rendu contre son père, lui non appelé, et reconnaissant la légitimité d'un autre enfant (1).

Rien n'est plus arbitraire et plus faux en effet, (et nous abordons par là l'examen et la réfutation des arguments de la théorie du légitime contradicteur), que cette idée de la représentation de la famille par un seul de ses membres, qui serait le plus autorisé, comme le plus intéressé, à agir ou à défendre à l'action. Mais de qui le légitime contradicteur tiendrait-il cette sorte de mandat ? Ce n'est pas de la loi, puisqu'elle est muette ; ce n'est pas davantage de la convention. Serait-ce donc de la nature ? mais elle donne à chaque homme un droit individuel, « droit qu'il ne peut transmettre ni communiquer, d'où suit que chacun ne représente que lui-même et n'a aucune qualité pour représenter la famille (2) ». Il n'y a donc aucun fondement à ce mandat exorbitant du légitime contradicteur, qui ferait de tous les autres parents de simples ayants cause, ne possédant par eux-mêmes aucun

(1) Pour une solution mixte, distinguant selon que la réclamation d'état a été accueillie ou rejetée, (Rodière, *Solidarité et indivisibilité*, n° 401) nous renvoyons à notre chap. III, section III, § 3, *questions de filiation*.

(2) Laurent, t. III, n° 488.

droit qu'ils ne tinssent de lui ; cela reviendrait en somme à l'étrange privilège pour un individu de s'attribuer à lui-même et d'imposer aux autres des rapports de famille autres que ceux qui, résultant des liens du sang, ont reçu une consécration légale.

Concluons avec M. Tissier qu' « en dehors de la représentation par suite de succession à titre universel ou particulier, ou par suite de l'idée de mandat, la règle de l'effet relatif reprend toute son application (2) ».

Les deux autres arguments invoqués par les partisans du légitime contradicteur sont, à la différence du précédent, communs à tout système tendant à imprimer un effet absolu à la chose jugée ; nous voulons parler de l'argument de texte tiré de l'article 100 du Code civil et de celui de l'indivisibilité de l'état.

D'après Toullier (1), c'est par une conséquence du principe que les jugements rendus en matière d'état sans contradicteur légitime n'ont pas de force contre les tiers, que « le jugement de rectification ne pourra dans aucun temps être opposé aux parties intéressées qui ne l'auraient point requis, ou qui n'y auraient pas

(2) Tissier, *l. c.* § 120. M. Tissier ne répond pas dans ce passage aux partisans de la théorie du légitime contradicteur, mais à certains auteurs qui admettent d'une manière générale la notion d'un pouvoir de représentation en justice « résultant d'une communauté d'intérêts, d'une solidarité ou d'une indivisibilité d'obligations ». Il nous semble que la théorie du légitime contradicteur pourrait être comprise dans cette formule.

été appelées » (art. 100). Bonnier, moins catégorique, considère qu' « il n'y a rien d'assez formel dans l'article 100 pour faire supposer l'abandon sans examen, sans discussion, d'une doctrine appuyée sur d'aussi graves motifs que l'ancienne théorie du contradicteur légitime ».

Cette dernière argumentation est raisonnable, mais celle de Toullier ne laisse pas que d'étonner ; interpréter dans ce sens l'article 100, c'est lui donner une étendue d'application si restreinte que la loi en eût formellement exprimé la volonté, si elle avait songé à l'admettre ; c'est s'exposer à cette grave objection que nous faisions plus haut : pourquoi le législateur n'a-t-il pas désigné les contradicteurs légitimes, et évité par là même les dangers des incertitudes et de l'arbitraire ? D'ailleurs, à supposer que les parties intéressées eussent requis le jugement de rectification et y eussent été appelées, rien n'oblige à penser que ce fussent celles qui méritaient le titre de légitimes contradicteurs à raison de leur principal intérêt.

En réalité l'article 100 a un but spécial, que semblent indiquer à la fois et sa rédaction et la place qu'il occupe : celui de prévenir une fausse interprétation du jugement de rectification, et d'empêcher de croire que les clauses du jugement rectificatif seront opposables aux tiers, comme le sont en général les

(1) Toullier, t. X, n° 226.

actes de l'état civil (1) ; les rectifications n'ont qu'un caractère provisoire et ne produisent d'effets en dehors des parties, que tout autant qu'elles ne seront pas ultérieurement contestées (2).

En outre, si l'article 100 a quelque valeur comme argument dans la question de l'effet de la chose jugée en matière d'état, ce sont bien plutôt les partisans de l'effet relatif qui peuvent s'en prévaloir.

Les tiers, désireux de repousser l'effet du jugement de rectification opposé à leurs prétentions, n'ont pas besoin d'attaquer ce jugement et de le faire tomber ; l'article 100 n'est qu'une application de l'article 1351 ; mais ils peuvent recourir à la tierce opposition pour priver ce jugement de tout effet et en empêcher l'inscription sur les registres (3).

Et s'il en est ainsi des jugements de rectification, nous pensons avec Demolombe qu'il faut appliquer *à fortiori* ces principes aux jugements concernant l'état : ils seront soumis également à l'article 1351 et n'auront qu'un effet relatif ; ceux qui n'y auront pas été parties ne pourront ni les invoquer, ni se les voir opposer, sauf à recourir à la voie de la tierce opposi-

(1) En ce sens, Lacombe, *Effets de la chose jugée*, thèse Paris, 1866, § 229, n. 2.

(2) En ce sens : Demolombe, t. V, nos 311 et 321. — Griolet, p. 138 et suiv. — Larombière, sous l'article 1351, n° 132. — Valette sur Prudhon, t. II, p. 112.

(3) Demante et Colmet de Santerre, sous l'article 100, n° 124 *bis*.

tion, pour les priver de tout effet ou d'exécution matérielle, dans les cas où ils y auraient intérêt (1).

On nous répond alors que l'indivisibilité de l'état des personnes s'oppose ici à cet effet relatif et à l'application des principes généraux de la chose jugée.

On ne peut pas, nous dit-on, avoir un état vis-à-vis d'une personne, et un autre état vis-à-vis d'une autre (2). Cette prétendue indivisibilité conduirait, remarquons-le bien, au pouvoir pour chaque parent de représenter la famillé entière, et nous avons vu plus haut que ce pouvoir exorbitant n'était pas admissible. Il suffirait alors qu'une question d'état eût été portée devant les tribunaux par qui que ce fût, pour que tout autre individu ne fût pas recevable à la discuter de nouveau. En réalité la notion de l'indivisibilité a été détournée de son sens par quelques auteurs, qui avaient été frappés des inconvénients de l'effet relatif et désiraient y apporter un remède à tout prix, en y substituant l'effet absolu. L'indivisibilité juridique n'est pas dans la cause du droit, mais dans son

(1) Tissier, § 73.

(2) « On est citoyen tout à fait, ou on ne l'est pas. On n'est point époux, père, fils, pour une moitié, pour un tiers, pour un quart. On l'est ou on ne l'est pas, sans division ni fraction possible ». (Rodière, *Solidarité*, § 401).

(3) Pourtant, pour le nom de famille et les titres, Duranton (t. XIII, § 526, 527) et Demolombe (t. V, § 310), sont partisans de l'indivisibilité ; mais ce dernier, pour le cas seulement où le réclamant n'aurait pas pu appeler les autres parents en cause.

objet ; (1) l'effet de la chose jugée est relatif, toutes les fois que l'objet du droit est matériellement divisible. Or, si l'état est indivisible en lui-même, l'ensemble des droits et obligations qui en résultent est parfaitement divisible. On conçoit très facilement l'exécution simultanée de décisions contraires relatives à l'état d'un individu. Si nous supposons par exemple que Primus ait réussi dans sa réclamation d'état à l'égard de son frère Secundus, fils de Paul, et échoué postérieurement dans une action analogue à l'endroit de Tertius, les questions d'intérêt pécunaire et de succession qui s'élèveront par la suite étant fort divisibles, l'article 1351 devra s'appliquer (2). On peut dire aussi avec Laurent (3) que l'indivisibilité de l'état, qui a sa raison d'être lorsqu'il n'y a aucune incertitude, aucune contestation sur la légitimité du droit, doit s'effacer derrière le principe supérieur de la relativité de la chose jugée, lorsque l'état est discuté et contesté. Enfin il n'est pas impossible de reconnaître (4) qu'il s'agit moins de diviser l'état, que de restreindre, quant à l'exécution, aux seules parties entre lesquelles la contestation qui le concerne a été engagée, l'autorité du jugement rendu.

Aussi Bonnier lui-même, l'un des plus chauds par-

(1) Demolombe, t. V, n° 308.
(2) Demolombe, *ibid.*
(3) Laurent, t. III, n° 488.
(4) Larombière, *Obligations*, sous l'art. 1351, p. 132.

tisans de la théorie du contradicteur légitime rejette-t-il l'argument de l'indivisibilité, et admet-il qu'on puisse être fils légitime d'une femme, sans être légalement le fils de son mari (1).

En résumé, la divisibilité offre en fait de graves inconvénients; mais ce n'est pas une raison pour la proscrire en droit. Nous nous rattachons entièrement aux considérants d'un arrêt de la Cour de Bordeaux du 29 mars 1887 : « Attendu..... qu'on objecte que l'état des personnes est indivisible ; attendu que manifestement, d'après cette doctrine, la chose jugée en matière d'état des personnes, au lieu d'être une vérité relative, serait une vérité absolue et universelle ; mais que cette doctrine est aussi contraire à l'esprit général de notre législation qu'à la règle d'ordre public et d'intérêt social édictée par l'article 1351 ; que sans doute l'incapacité (l'état) d'une personne est abstractivement indivisible, mais qu'il en est autrement

(1) Bonnier, § 889 *in fine*. En ce sens, Cass., 28 juin 1821. — MM. Aubry et Rau font remarquer d'autre part que l'inconvénient de la division de l'état ne disparaît pas dans le système des contradicteurs légitimes, puisque, si tous n'ont pas été mis en cause, le jugement ne jouit pas de l'autorité absolue (A. et R. § 544 *bis*, p. 24, 26). Si l'on admet l'indivisibilité, il faut aller beaucoup plus loin que la théorie du légitime contradicteur et dire que l'effet du jugement est absolu, même s'il a été rendu contre un autre que le contradicteur légitime. L'argument n'est donc pas spécial à la théorie du contradicteur légitime, et peut se retourner contre elle. Et c'est là la meilleure réponse que l'on puisse faire aux partisans du système, lorsqu'ils se retranchent derrière cette prétendue indivisibilité.

lorsqu'elle (il) est considéré (e) par rapport aux effets du jugement qui déclare cette incapacité (cet état) (1).

L'argument de l'indivisibilité n'est donc pas plus probant que tous ceux qui ont été invoqués par le système du contradicteur légitime et par tous les systèmes de l'effet absolu du jugement.

Est-ce à dire que l'effet absolu du jugement soit une mauvaise solution en législation ?

Est-ce à dire même que l'effet relatif s'impose dans toutes les questions d'état, sous l'empire du Code civil actuel ?

Nullement ; une solution n'est pas forcément mauvaise par cela seul qu'on a usé d'arguments détestables pour l'établir et la répandre. La notion du légitime contradicteur est fausse ; les arguments le plus souvent invoqués en faveur de l'effet absolu du jugement en matière d'état sont factices et compromettent singulièrement leur cause, loin de la servir : il n'en est pas moins vrai que la solution serait aussi bonne en législation qu'elle est inexacte dans l'état actuel de nos textes.

C'est ce que nous allons essayer de prouver en étudiant le régime auquel sont actuellement soumis les

(1) D. 1887, 5, 434. Les motifs de cet arrêt sont excellents ; mais l'application par lui faite à l'interdiction est inexacte, puisque le jugement d'interdiction doit, comme jugement constitutif, jouir d'une autorité absolue. (Cf. plus bas ch. III, sect. I, p. 61, les conséquences que l'arrêt en tire relativement à la tierce opposition).

jugements relatifs à l'état sous l'empire du Code, et nous pourrons ainsi constater à mainte reprise que si « le principe de l'effet de la chose jugée repose sur une idée de justice, si impérieuse qu'il ne faut l'abandonner qu'en présence de dispositions certaines (1) », il n'en aurait pas moins été souvent utile et même nécessaire d'établir ces dispositions, pour obvier à des inconvénients pratiques d'une extrême gravité.

(1) Tissier, *l. c.*, p. 120.

CHAPITRE III

SOLUTIONS QUI DOIVENT ÊTRE ADOPTÉES DANS L'ÉTAT ACTUEL DES TEXTES. DOMAINE ET LIMITES DU PRINCIPE DE L'EFFET RELATIF.

« En matière d'état et de capacité générale, l'autorité des jugements n'est régie par aucun principe général ; on ne peut pas dire *à priori* si elle est absolue ou relative ; elle doit être déterminée d'une manière spéciale pour chaque cas ; c'est dans les textes qui régissent chaque matière, dans les règles qu'ils édictent, et dans les principes qu'ils consacrent, qu'il faut chercher la solution ; l'article 1351 ne s'applique que si une disposition formelle l'ordonne (1) ».

Le vice capital de toutes les théories qui se sont fait jour en notre matière a bien été en effet de ne pas tenir compte des particularités que pouvait offrir chaque espèce, et de chercher une solution unique qui pût convenir à toutes. Nous ne serions peut-être pas aussi catégorique que M. de Loynes, et nous nous séparons très nettement de lui, lorsqu'il avance que l'article 1351 ne s'appliquera que si une disposition

(1) De Loynes, note sous l'arrêt d'Agen du 14 juin 1890, D. 1891, 2, p. 153 et suiv.

formelle l'ordonne. Il est difficile de soutenir que cet article soit spécial à la matière des contrats, aux jugements qui statuent sur des droits pécuniaires ; qu'il soit étranger aux jugements qui prononcent sur des droits moraux et en particulier sur des questions d'état (1). Sans doute la place de l'article 1351 au titre des contrats viendrait à l'appui de cette opinion ; mais le chapitre VI de ce titre, qui est relatif aux preuves, (chapitre dont l'art. 1351 fait partie) ne régit-il pas notre droit civil tout entier ? pourquoi, dès lors, l'article 1351 ferait-il exception ? Il n'en est pas moins vrai — soit que l'on accorde la prépondérance à l'effet relatif, soit qu'au contraire on attribue la prédominance à l'effet absolu, — que la méthode de généralisation et de solutions d'ensemble suivie jusqu'ici était fort défectueuse, et qu'on lui doit préférer de beaucoup celle qui, grâce à une étude spéciale de chacune des matières et à un examen attentif des diverses situations qui peuvent se présenter, aboutit à des solutions d'espèce d'autant plus exactes, qu'elles ont une portée moins générale.

Une première division s'impose : on ne saurait d'abord confondre dans un même groupe les jugements *constitutifs* et les jugements *déclaratifs* de l'état ; et il est nécessaire de distinguer, parmi les jugements dé-

(1) En ce sens, de Loynes, *l. c.* Ces idées ingénieuses sont d'ailleurs plus indiquées que développées par le savant professeur de Bordeaux.

claratifs, ceux qui interviennent à la suite d'une action qui ne peut être mise en mouvement que par un seul individu.

Nous étudierons donc successivement les règles de la chose jugée :

1° Dans les jugements constitutifs de l'état ;

2° Dans les cas où l'action est réservée à une seule personne ;

3° Dans les jugements déclaratifs de l'état.

Ce dernier groupe est celui qui nous retiendra le plus longtemps ; c'est à lui, en effet, que se rattachent la plupart des questions qui intéressent la nationalité, et surtout le mariage et la filiation.

SECTION I. — **Jugements constitutifs de l'état.**

Tous les jugements relatifs à l'état n'ont pas le même objet ni le même résultat : les uns ont pour but de créer un état de droit nouveau, et aboutissent à une modification de l'état ; les autres se bornent à consacrer un état de droit déjà existant, mais qui prêtait à discussion.

Cette distinction des jugements constitutifs et des jugements déclaratifs ne semble pas avoir été même entrevue par Toullier, qui estime qu' « à la différence des jugements ordinaires, dont les dispositions ne s'étendent et ne peuvent s'étendre que sur le passé, les jugements en matière d'état s'étendent à l'avenir, de même que les dispositions de la loi; qu'ils décident d'avance des questions futures, dont l'existence est incertaine et contingente ».

Cela est vrai des jugements constitutifs : créant une situation nouvelle, ils seraient dépourvus d'effet, si on ne leur donnait cette sanction nécessaire d'être opposable à tous. Mais cela est absolument faux pour les jugements déclaratifs qui sanctionnent un droit préexistant, et qui ne peuvent en principe avoir d'effet qu'à l'égard de ceux qui y ont été parties (1). La situation n'est plus la même que dans les jugements constitutifs, où « il s'agit véritablement d'un acte de la puissance publique, d'un acte de tutelle et de haute administration » (2), qui fait loi envers tous; l'effet absolu de ces jugements ne provient donc pas de l'autorité de la chose jugée, mais de celle de la puissance publique. Aussi admet-on que, lorsqu'au lieu de prononcer une modification à l'état ils constatent que les parties ne sont pas dans les conditions exigées par la loi, ils ne jouissent que d'une autorité relative (3). M. Griolet fait application de cette règle au rejet d'une demande en déclaration de faillite, qui ne s'opposerait pas à ce que la demande fût renouvelée avec succès par un autre créancier.

(1) En ce sens, Demolombe, t. V, n° 320. Griolet, p. 67-69. Merlin, *l. c.*, § III, art. 1er.
(2) Demolombe, *l. c.*
(3) Griolet, *l. c.*

Parmi les jugements constitutifs de l'état (ou de la capacité, la règle est ici la même), nous mentionnerons :

Le jugement de divorce ;

Le jugement de séparation de corps ;

Le jugement d'interdiction ;

Le jugement de dation de conseil judiciaire ;

Le jugement prononçant la faillite.

Le jugement relatif à la minorité ou à la majorité d'un individu est purement déclaratif (1). Un tiers ne serait donc pas lié par le jugement qui aurait été rendu entre deux parties sur la question de savoir si l'une d'elles est majeure ou mineure, et si en conséquence elle peut ou non faire rescinder une obligation pour cause de lésion (art. 1305 et 1313 Civ.)

Pour le divorce, la Cour de cassation s'était prononcée nettement dès 1838 (2), mais elle fondait sa solution sur de mauvais motifs : « Attendu, disait la Cour, qu'un divorce ainsi prononcé est, quant à la dissolution du mariage, à l'abri de toute espèce d'attaque de la part des tiers, comme de la part des époux divorcés, *parce que l'état des hommes ne saurait demeurer incertain sans qu'il en résulte un trouble dans*

(1) L'émancipation, acte extrajudiciaire, a aussi un effet absolu, de même que la privation du bénéfice de l'émancipation. Quant au jugement déclarant l'absence, et aux jugement et arrêt d'adoption, ils ont aussi un caractère constitutif, mais ce sont plutôt des actes de juridiction gracieuse.

(2) Cass., 7 novembre 1838 ; D. 1838, 1, 393.

la famille et une perturbation dans l'ordre social ». Ces considérants donnent une formule trop compréhensive, qui embrasserait les jugements déclaratifs, auxquels l'effet absolu demeure en principe étranger.

Faut-il assimiler l'annulation du mariage à la dissolution par le divorce ? M. de Loynes soutient l'affirmative (1), sous prétexte qu'« après l'annulation du mariage (arg. art. 189) comme après sa dissolution (arg. art. 147), les époux ou le survivant des époux peuvent contracter une seconde union ». Mais cette opinion fait du jugement d'annulation un jugement constitutif, alors qu'il est déclaratif. Tout au plus pourrait-on l'admettre dans le système qui distingue le mariage inexistant du mariage nul ou annulable (2); le rôle des tribunaux consisterait alors dans un cas à *déclarer* l'inexistence, dans l'autre à *prononcer* la nullité. En réalité cette distinction est inadmissible : sans doute il y a d'une part des éléments *naturellement* essentiels, de l'autre des éléments *légalement* essentiels : mais si les uns ou les autres font défaut, il n'y a pas de différence dans les effets. Le mariage nul ou annulable n'a pas plus de valeur en droit que le mariage dit inexistant ; il jouit d'une existence provisoire

(1) De Loynes, *l. c.*

(2) Demolombe, t. III, n° 240. — La jurisprudence repousse avec raison cette distinction, qui n'a été créée que pour expliquer le silence du Code à l'égard de nullités qui s'imposent, par exemple dans le cas d'identité de sexe entre les contractants. On argumente, en faveur de l'inexistence, des articles 146, 1331 et 1339.

et subordonnée au non-exercice de l'action en nullité de la part de ceux qui y ont droit ; le jugement qui prononce la nullité ne fait que *déclarer* que le mariage n'existe pas en droit, et anéantit rétroactivement les effets que ce prétendu mariage n'avait produits qu'en apparence. Le jugement d'annulation d'un mariage suivra donc le régime de tous les jugements déclaratifs ordinaires, et donnera lieu à des difficultés souvent inextricables, auxquelles on aurait coupé court, si on lui eût reconnu le caractère d'un jugement constitutif.

Voilà une première classe de jugements bien nettement déterminée, et qui, en raison de sa nature même, jouit d'une autorité absolue ; la preuve en est dans les mesures de publicité que la loi a prescrites pour porter ces jugements à la connaissance des tiers (Cf. les art. 250, 501 Civ. ; 880 Pr. civ. 442 ; Comm.). Les tiers devront donc s'y soumettre et ne pourront pas les attaquer par la tierce opposition ; car cette voie de recours, admise en principe en matière contentieuse, est exceptionnellement fermée, lorsque l'effet du jugement est absolu. Il en sera ainsi notamment en matière de divorce, de séparation de corps, et en matière de déclaration de faillite pour la fixation de la date de cessation des paiements : il est de jurisprudence constante que les délais des articles 580 et 581 du Code de commerce excluent la tierce opposition de l'article 474 du Code de procédure civile. (1)

La jurisprudence a aussi appliqué ces principes à diverses reprises à la dation de conseil judiciaire, et surtout à l'interdiction. C'est ainsi qu'on a vu un donataire antérieur à l'interdiction, et qui redoutait la disposition de l'article 503 du Code civil, échouer dans la tierce opposition qu'il avait formée contre le jugement d'interdiction (2).

Il a été décidé aussi que les créanciers même hypothécaires ne pouvaient former tierce opposition au jugement prononçant l'interdiction de leur débiteur, et sur ce motif « que le jugement à intervenir ne peut leur préjudicier, puisque, dans le cas où l'interdiction serait prononcée, il ne ferait que constater l'incapacité de l'interdit au jour du jugement, et qu'il n'exercerait d'influence sur ses actes antérieurs, qu'autant qu'il serait jugé contradictoirement avec toutes les parties intéressées que la cause de l'interdiction existait notoirement à l'époque où ces actes ont été faits (3) ». M. Tissier a cité pourtant deux dérogations à cette jurisprudence (Cassation, 26 décembre 1838; Sir. 39, 1, 49. Amiens, 30 janvier 1886.

(1) Tissier, *Tierce opposition*, § 75.

(2) Riom, 9 janvier 1808, cité dans Tissier, § 76.

(3) Poitiers, 1er février 1842; D. 43, 1, 131. Cf. aussi Lyon, 10 août 1836 ; D. 39, 2, 7. Cass., 26 mai 1841 ; D. 41, 1, 232. Grenoble, 9 décembre 1847 ; Sir, 48, 2, 204. Caen, 30 décembre 1857 ; Sir., 58, 2, 625.

Rec. d'Amiens 1886, 67), cette dernière admettant la tierce opposition à un jugement qui prononçait la mainlevée d'un conseil judiciaire.

La tierce opposition extraordinaire pour cause de dol et de fraude est-elle ouverte contre les jugements constitutifs de l'état? Elle est admise d'une manière générale en matière contentieuse, sauf exceptions tenant à ce que la loi exclut l'intervention des personnes n'ayant qu'un intérêt pécunaire dans certains procès où se trouvent engagées des questions d'ordre plus moral que pécuniaire (1).

Parmi ces exceptions se trouvent les jugements prononçant le divorce, la séparation de corps, et, selon quelques auteurs, ceux qui prononcent l'interdiction ou donnent un conseil judiciaire. En matière de divorce et de séparation de corps, la jurisprudence est unanime à reconnaître l'exception. Mais elle est hésitante pour l'interdiction et la dation de conseil judiciaire (2). Un arrêt de 1866 rendu par la Cour de cassation laisse supposer plus qu'il ne prononce la recevabilité de la tierce opposition contre une dation du conseil judiciaire, en exigeant des créanciers postérieurs à ce jugement qu'ils rapportent la preuve d'une

(1) Tissier, § 79 et suiv.

(2) Voir les deux arrêts cités plus haut : Grenoble, 4 décembre 1847; Caen, 30 décembre 1857, qui refusent la tierce opposition extraordinaire.

fraude commise lors du jugement (1). Enfin la Cour de Bordeaux admet fort nettement la tierce opposition extraordinaire contre un jugement d'interdiction, « mais seulement dans des cas exceptionnels, et alors que la collusion frauduleuse est non pas seulement alléguée, mais assortie de preuves sérieuses et concluantes (2) ».

Nous nous rallions à ces décisions, qui autorisent la tierce opposition d'intéressés pécuniairement contre les jugements d'interdiction et de dation de conseil judiciaire, et nous repoussons la solution contraire, admise par la Cour de Rouen, et très récemment par le tribunal de Lyon (3), qui se fondent sur ce que la présence du ministère public offre toutes les garanties nécessaires pour protéger les tiers contre la collusion frauduleuse des parties, et attribuent au jugement d'interdiction un caractère trop exclusivement moral. « Le législateur, dit le tribunal de Lyon, en organisant une procédure spéciale pour les demandes en interdiction, et en ne mentionnant pas les créanciers parmi les personnes qui peuvent y figurer à un

(1) Cass., 20 janvier 1866 ; Sir., 66, 1, 115.

(2) Bordeaux, 29 mars 1887 ; D. 1887, 5, 434. Nous avons signalé plus haut cet arrêt, comme réfutant très bien l'argument de l'indivisibilité dans la théorie du légitime contradicteur. (P. 49.)

(3) Rouen, 5 décembre 1853. Sir. 55, 2, 501. Trib. de Lyon, 23 juin 1888, *Gazette des tribunaux*. M. Tissier adopte la solution de ces arrêts, et ne laisse aux tiers lésés par le dol ou la fraude que la ressource de l'action de l'article 1382 dans certains cas, qu'il ne détermine pas (Tissier, § 80).

titre quelconque, a manifesté l'intention formelle de ne point les y admettre comme parties ».

En réalité, l'élément moral est moins dominant dans l'interdiction et la dation de conseil judiciaire que dans le divorce ou la séparation de corps ; il n'y a donc plus les mêmes raisons de faire échec au principe d'après lequel la tierce opposition extraordinaire est ouverte d'une manière générale en matière contentieuse.

A côté des jugements constitutifs de l'état, il en est d'autres qui sont constitutifs ou, pour ainsi dire, *reconstitutifs* de la preuve de cet état ; et il y a lieu de se demander quel en doit être l'effet. Doit-il être absolu, soit parce qu'ils sont équivalents à des actes de l'état civil, soit parce qu'il convient de les assimiler à des jugements constitutifs d'un état nouveau ? ou au contraire doit-il être relatif, parce que telle est la règle de l'article 1351, et qu'on ne saurait d'ailleurs attribuer à un jugement qui établit ou rétablit un acte tout entier une autorité plus grande qu'à un jugement qui statue sur une simple rectification?

Citons d'abord les jugements qui ordonnent l'inscription sur les registres de l'état civil des actes qui n'y ont pas été portés dans les délais prescrits. D'après un avis du Conseil d'État du 12 brumaire an XI, « les actes omis ne peuvent être inscrits sur les registres qu'en vertu de jugements rendus en grande connaissance de cause de l'omission, contradictoirement avec les parties intéressées ou elles appelées, et sur les conclusions du ministère public, *et ces jugements ne peuvent même être attaqués, en tout état, par les parties qui n'y auraient pas été appelées* ». Ces jugements n'ont en effet qu'une raison d'être : éviter les graves désordres qui auraient pu se produire par suite de l'introduction d'étrangers dans les familles, s'il avait été permis de faire directement, en dehors des délais, des déclarations tardives à l'officier d'état civil ; en dehors de cette garantie qu'il assure au bon ordre, et qu'une déclaration directe n'aurait pas suffi à donner, le jugement rendu ne diffère pas d'un acte ordinaire de l'état civil, et doit avoir effet *erga omnes*.

Faut-il attribuer la même autorité aux jugements rendus dans le cas de perte ou de destruction des registres prévu par l'article 46 du Code civil, alors que la preuve des naissances, des mariages et des décès a été faite au moyen de papiers domestiques ou par témoins ? La solution est plus délicate : comment le jugement de l'article 46 pourrait-il être doué d'effets plus étendus que ceux du jugement de l'article 100 ? — On se trouve en présence des mêmes hésitations, lorsqu'il s'agit d'apprécier l'autorité des jugements rendus dans les circonstances visées par la loi des 12-25 février 1872, relative à la reconstitution des actes de l'état civil détruits pendant l'insurrection de 1871. Cette loi instituait une commission chargée de la reconstitution des actes, d'après les extraits des anciens registres délivrés conformes, ou sur les déclarations des intéressés et des tiers. Les actes rétablis par la commission faisaient foi jusqu'à preuve contraire. Au cas de contestation, il était statué par le tribunal de première instance, qui pouvait être saisi par les intéressés ou d'office par le ministère public ; et la contestation était « jugée conformément aux articles 46, 99, 100 et 101 du Code civil et 855 et suivants du Code de procédure », c'est-à-dire conformément à la procédure de la rectification des actes de l'état civil. Dès lors, l'effet du jugement ne devait-il pas être le même que dans le cas de l'article 100 ? — Nous ne le croyons pas : le renvoi à l'article 100 provient sans doute d'une inadvertance ; en renvoyant au Code civil et au Code de procédure, on ne songeait qu'à l'instruction de l'affaire et à la procédure de l'instance, et non aux effets du jugement. L'article 100 contient une disposition détestable, dont on n'a jamais pu donner une explication satisfaisante et qui ne doit pas être étendue ; il n'est pas possible d'admettre que la preuve de l'état puisse être perpétuellement remise en question par les intéressés qui n'ont pas pris part à l'instance, soit dans le cas de l'article 46, soit dans celui de la loi de 1872, alors surtout que cette loi intitulée loi *relative à la reconstitution des actes de l'état civil*, est intervenue dans le but de remplacer ces actes par des titres équivalents. D'ailleurs la solution contraire mettrait la loi de 1872 en contradiction avec l'Avis du Conseil d'État du 12 brumaire an XI : qu'il s'agisse de reconstituer un acte détruit pendant les troubles de 1871, ou qu'il soit question de faire inscrire sur les registres de l'état civil une déclaration tardive de naissance, de mariage ou de décès, le jugement doit être également rendu contradictoirement avec les parties intéressées (Av. du C. d'État de l'an XI, art. 2 — loi de 1872, art. 4) ; dès lors pourquoi, dans le premier cas, l'effet du jugement serait-il relatif, alors que dans le second « *les jugements ne peuvent même être attaqués, en tout état, par les parties qui n'y auraient pas été appelées* (1) » ?

Enfin quel sera l'effet des jugements destinés à établir la preuve du décès d'individus morts dans des catastrophes de tout genre, sans qu'il soit possible de constater leur décès par des actes réguliers dres-

(1) Il conviendait d'attribuer le même effet absolu aux jugements rendus aux termes des articles 2, 4 et 5 de la loi des 19-23 juillet 1871, relative à la nullité des actes de l'état civil dressés par des fonctionnaires de la commune. L'article 5 ne laisse pas de doute à cet égard : la transcription des actes bâtonnés en vertu de l'article 1er, ordonnée par le tribunal civil, « assurera au mariage à la date du premier acte tous les effets civils, tant à l'égard des époux qu'à l'égard des enfants issus du mariage ». C'est la formule même de l'article 198 Civ., pour le commentaire duquel nous renvoyons au chapitre III, section III, § 3, D. ; — et cette formule, nous le verrons, n'a pas de raison d'être, si l'on n'en étend pas la portée aux tiers.

sés dans les conditions des articles 77 et suivants du Code civil?

Un décret du 3 janvier 1813 ordonne aux exploitants des mines, lorsque des ouvriers ont péri dans un éboulement et qu'on est dans l'impossibilité de parvenir jusqu'au lieu où se trouvent leur corps, de faire constater la circonstance au maire, qui en dresse procès-verbal ; ce procès-verbal, annexé au registre de l'état civil, semble bien devoir être considéré comme l'équivalent d'un acte de décès.

La loi du 13 avril 1817 (art. 5) et celle du 9 août 1871 admettent, conformément à l'article 46 du Code civil, la preuve testimoniale du décès des militaires tués pendant les guerres de l'Empire ou pendant la guerre de 1870 ; l'effet du jugement rendu doit être également considéré comme absolu, à en juger par une loi toute récente votée par la Chambre des députés le 16 février 1893, et par le Sénat le 4 mai 1893 (1). Cette loi, « portant modification des dispositions du Code civil relatives à certains actes de l'état civil et aux testaments dressés soit aux années, soit au cours d'un voyage maritime », prévoit les décès en mer, et décide dans un texte qui est destiné à former l'article 92 du nouveau Code civil, que les jugements constatant les décès à la suite de procès-verbaux de disparition dressés par l'officier chargé de la rédaction

(1) Cf. *Lois nouvelles*, 1892, 4e partie, p. 80 ; 1893, 4e partie, p. 18. — *Journal officiel* du 2 avril et du 5 mai 1893.

des actes de l'état civil tiendront lieu d'actes de décès. Article 92 : « Tout jugement déclaratif de décès sera transcrit à sa date sur les registres de l'état civil..... Les jugements déclaratifs de décès tiendront lieu d'actes de l'état civil, et ils seront opposables aux tiers, qui pourront seulement en obtenir la rectification conformément à l'article 99 ». Telle devait être aussi la solution des lois de 1817 et de 1871, solution excellente et qui ne laisserait rien à désirer, si les jugements étaient entourés par ces lois de formalités particulières, et notamment d'une publicité que le législateur n'a pas songé à établir, — solution conforme à l'esprit de la loi, qui a voulu leur donner la force et l'autorité d'actes de l'état civil.

SECTION II. — **Jugements dont l'effet est absolu, parce que l'action est réservée à une personne déterminée.**

Une autre classe de jugements qui échappe certainement, comme la première, à la règle de l'article 1351, est celle des jugements qui interviennent à la suite d'une action réservée à un individu, quoiqu'il y ait d'autres intéressés ; bien que déclaratifs de leur nature, ils doivent jouir de l'autorité la plus étendue, afin de conserver à celui qui a seul le droit d'agir un privilège que l'effet relatif eût complètement détruit. Et en effet, reconnaître à ces jugements une autorité purement relative et restreinte aux parties en cause, c'eût été admettre en fait à renouveler le débat des personnes qui n'étaient pas en droit recevables à agir ; c'eût été recevoir comme contradicteurs dans des questions d'état des personnes auxquelles la loi en a refusé la qualité. C'est donc par un principe d'ordre moral et d'utilité publique que ces jugements échappent à la relativité.

Nous rangeons dans cette seconde catégorie :

§ I. Le jugement rendu à la suite d'une action en nullité de mariage, fondée sur les vices du consentement des époux (art 180, civ.).

Pour le paragraphe I nous renvoyons à la section III, § 2, *Du Mariage.*

§ II. Le jugement rendu à la suite d'une action en désaveu de paternité, intentée par le mari même de la femme, et non par ses héritiers (1).

L'action en désaveu, du vivant du mari, n'appartient qu'à lui seul ; et encore la loi l'a entourée de telles précautions, qu'elle semble ne l'avoir accordée qu'à regret au mari lui-même (2). Non seulement c'est une action essentiellement personnelle à raison de l'élément moral qui y domine, et qui ne saurait être

(1) En ce sens, Griolet, p. 141 ; Larombière, sous l'art. 1351, § 131 ; Demolombe, t. V, § 174-176 ; Laurent, t. III, n° 458 ; Baudry-Lacantinerie, t. I, n° 847.

(2) La Cour de Colmar émettait cette idée dans un des motifs du célèbre arrêt du 21 janvier 1844, refusant au tuteur d'un interdit l'exercice de l'action en désaveu de paternité.

exercée du chef du mari par ses créanciers ; non seulement il y a là une « question d'honneur dont le mari doit être seul arbitre (1) », mais encore le mari ne peut lui-même l'exercer que dans des délais fort brefs, sous peine de déchéance. Le jugement rendu sur l'action en désaveu intentée par le mari doit donc avoir force de chose jugée *erga omnes*, non pas en vertu d'une prétendue indivisibilité qui n'est qu'une fantaisie (2), mais en raison du caractère exclusif d'un acte réservé à un seul individu, et parce qu'on ne saurait suppléer à sa volonté personnelle. Le jugement intervenu sur sa demande est définitif ; car lui seul avait droit d'agir au nom de tous, et ce qui est jugé pour lui doit être jugé pour tous.

Après le décès du mari, l'action en désaveu passe à ses héritiers, mais elle se transforme alors : exclusivement morale du vivant du mari, elle devient purement pécuniaire entre les mains de ses héritiers ; les raisons de se prononcer pour l'effet absolu s'évanouissent donc, et l'on revient en partie aux règles de droit commun, en même temps que le jugement reprend les caractères d'un jugement déclaratif ordinaire.

Voici par suite les principes qui nous semblent devoir être appliqués au jugement sur le désaveu :

(1) Laurent, t. III, nos 450 et suiv.

(2) Proudhon lui-même (*État des personnes*, p. 106), repoussait l'idée d'indivisibilité que la Cour de cassation invoque dans un arrêt du 9 mars 1847, D. 47, 1, 137.

1° Le jugement qui admet ou rejette la demande en désaveu formée par le mari contre l'enfant a force de chose jugée contre tous.

Il a force de chose jugée à l'égard des héritiers du mari et de ceux de l'enfant, et ce n'est là qu'une application du droit commun, car les héritiers du mari n'ont l'action en désaveu que subsidiairement et en qualité d'héritiers, et ils ont été, comme ceux de l'enfant, représentés au jugement par leur auteur (1).

Il vaut également à l'encontre des parents paternels et maternels, autres que les héritiers du mari, qui n'ont en aucun cas le droit d'intenter l'action en désaveu, et ne peuvent obliger l'enfant à défendre à l'action par laquelle ils voudraient le faire déclarer illégitime.

Nul ne sera donc admis à dénier à l'enfant sa légitimité, si le mari a été débouté de sa demande. A l'inverse, si le mari a triomphé dans son action (2), l'enfant et ses héritiers ne seront pas admis à contester l'illégitimité prononcée à l'encontre des personnes intéressées à s'en prévaloir. Dans cette situation, il sera bien vrai de dire que le mari est seul et unique contradicteur légitime : l'effet du jugement est absolu, et la tierce opposition n'est pas possible (3).

(1) Aubry et Rau, § 545 *bis* ; Demolombe, t. V, nos 174 et 175.
(2) Aubry et Rau, *l. c.* ; Valette sur Proudhon, II, p. 66, 67, n. *a*, 2°.
(3) Tissier, *Tierce opposition*, § 77.

2° Si l'action en désaveu a été intentée par tous les héritiers du mari contre tous les héritiers de l'enfant, par tous les héritiers du mari contre l'enfant, par le mari contre tous les héritiers de l'enfant, le jugement vaudra *erga omnes* comme dans l'espèce précédente.

3° Si le mari est mort sans avoir intenté l'action en désaveu, et si une partie des héritiers est demeurée dans l'inaction, ou, ayant agi, a été déboutée de sa demande, les principes du droit commun de l'article 1351 reprennent leur empire ; et nous admettons avec la majorité des auteurs que « le jugement qui n'a été rendu que contre l'enfant et quelques-uns des héritiers du mari n'est pas plus susceptible d'être opposé à ses autres héritiers que ceux-ci n'ont la faculté de s'en prévaloir (1) ». L'autre partie des héritiers pourra donc agir et réussir dans sa demande, sans se voir opposer l'exception de chose jugée (2).

L'enfant sera légitime à l'égard des uns, illégitime à l'égard des autres : solution qui offre des inconvénients très graves, mais qui s'impose dans l'état des textes. Il est à remarquer que dans cette hypothèse la théorie du légitime contradicteur adoptait la même

(1) Aubry et Rau, *l. c.* Cf. aussi Demolombe, V, n° 174; Larombière, *l. c.*; Laurent, *l. c.*

(2) Demolombe (t. V, n° 177) oblige les héritiers du second groupe à user de la voie de la tierce opposition, sous prétexte que le litige nouveau est le même que le litige ancien. Nous avons vu plus haut (p. 10), que la tierce opposition est toujours facultative. En ce sens aussi, Cardot, *Rev. crit.*, t. 29, p. 71, 13°.

solution ; car tous les héritiers étant également intéressés dans la question, le jugement ne peut avoir effet absolu, du moment qu'ils n'ont pas été tous mis en cause (1).

Mais au regard des tiers non parties au procès, parents paternels ou maternels non héritiers (2), l'enfant sera-t-il légitime ou illégitime ?

La plupart des auteurs décident que la légitimité de l'enfant se maintient vis-à-vis de ceux qui se sont abstenus de la contester, et par suite vis-à-vis des tiers qui ne peuvent tourner contre l'enfant sa position équivoque en se fondant sur le jugement de rejet de l'action en désaveu, puisque ce serait exercer véritablement l'action en désaveu réservée par la loi. Selon l'expression de Valette, la présomption de paternité n'aurait pas été détruite, mais entamée. MM. Aubry et Rau déclarent de même que les tiers intéressés ne peuvent invoquer le jugement reconnaissant l'illégitimité de l'enfant, ni comme ayant à leur égard l'autorité de chose jugée, ni comme devant les autoriser à attaquer la légitimité de l'enfant (3). Mais est-ce là une situation bien équitable ?

(1) Cf. Toullier, X, §§ 232 et 233.

(2) Les tiers pourraient être aussi des légataires à titre particulier du mari ; — ou encore des donataires du mari, à qui la survenance d'un enfant au mari donateur cause un grave préjudice (art. 960).

(3) V. dans le même sens Valette sur Proudhon, *l. c.*, p. 67 ; Demolombe, V, n° 178.

Sans doute, si l'on considère le jugement comme devant autoriser les tiers à attaquer la légitimité de l'enfant, ce sera leur ouvrir une voie que la loi leur a fermée ; mais le refus de l'action aboutit dans l'espèce à une véritable injustice, si de l'inaction d'une partie des héritiers résulte la nécessité pour les tiers d'accepter une situation, alors qu'ils ont peut-être entre les mains des moyens de preuve propres à la renverser. On nous répond qu'il en est de même quand le mari, de son vivant, couvre l'illégitimité de son silence. Nous en convenons ; mais c'est qu'alors le droit de désavouer est exclusivement moral ; après le décès du mari, il est devenu purement pécuniaire. En définitive, il n'y a pas de raison valable pour que l'enfant soit légitime à l'égard des tiers, surtout dans le cas où les héritiers du mari ayant tous agi, les uns ont réussi, les autres ont échoué ; pourquoi donc opposer aux tiers un des deux jugements, et leur refuser le droit de se prévaloir de l'autre, alors que ceux qui ont été parties aux deux instances avaient des titres absolument égaux ? Le problème est insoluble : il serait donc désirable que l'on réformât, en dehors d'une solution législative plus radicale que nous aurons à apprécier plus loin (1), les articles du Code relatifs aux personnes recevables à intenter l'action en désaveu. Du vivant du mari, lui seul peut agir ; rien de plus légitime.

(1) Cf. chap. IV.

Mais après son décès, puisque tout le monde s'accorde à reconnaître que le caractère moral de l'action disparaît et s'efface entièrement derrière le caractère pécuniaire, pourquoi ne pas admettre à l'exercer, non seulement les héritiers du mari, mais encore tous autres parents, soit du mari, soit de la femme, qui, eux aussi, ont des intérêts pécuniaires à faire valoir ?

Cette solution n'aurait rien d'exorbitant, puisque l'action en contestation de légitimité est ouverte à tous ceux qui ont un intérêt pécuniaire né et actuel à contester la légitimité de l'enfant.

4° Si le jugement qui admet le désaveu a été rendu au profit du mari (ou de tous ses héritiers) contre quelques-uns seulement des héritiers de l'enfant, il peut être invoqué par toute personne intéressée, mais non contre ceux de ces derniers héritiers qui n'ont pas été appelés à l'instance. Inversement, si le jugement qui rejette le désaveu a été rendu contre le mari (ou tous ses héritiers) au profit de quelques-uns seulement des héritiers de l'enfant, il ne peut être invoqué que par ces derniers, à l'exclusion des autres héritiers de l'enfant.

Quant aux tiers intéressés, ils se trouvent dans une situation aussi inextricable que dans le cas précédent, situation qui appellerait une solution législative beaucoup plus large que celle du Code.

SECTION III. — **Jugements déclaratifs de l'état.**

Nous étudierons successivement l'effet de la chose jugée dans les jugements déclaratifs de l'État, en matière :

1° de nationalité ;

2° de filiation ;

3° de mariage.

§ I. — Effets de la chose jugée en matière de nationalité.

Si nous commençons par la nationalité, c'est sans doute en souvenir de l'ancienne division romaine qui faisait passer la cité avant la famille ; ce n'est certes pas en raison de l'importance du sujet, car cette matière ne prête pas à de longs développements.

A vrai dire, la question de l'effet relatif ou absolu du jugement ne s'y présente jamais, la nationalité n'étant pas susceptible de faire l'objet principal d'un débat devant les tribunaux, et n'ayant par suite jamais donné lieu à aucune controverse. La vieille théorie dont d'Argentré fut l'un des créateurs n'a jamais soutenu que la chose jugée sur la qualité de Français ou d'étranger pût avoir effet *erga omnes* : où trouver en effet, et comment désigner un contradicteur légitime (1) ?

(1) Griolet, p. 141 ; Demolombe, t. V, p. 298.

« Ainsi une personne à qui on dénierait la qualité de Français, dit Bonnier (1), et qui aurait fait juger dans une première affaire que cette qualité lui appartient, serait obligée de plaider de nouveau contre les fils de son premier adversaire, s'ils venaient à la lui contester dans un autre procès » ; et l'auteur oppose cette situation aux procès de filiation, où, d'après lui, « ce qui est jugé avec le père l'est avec les enfants ». La première partie de l'observation de Bonnier est fort exacte : dans notre droit, un individu n'a pas d'action pour faire reconnaître sa nationalité, faute de contradicteur ; il ne peut faire valoir sa qualité de Français ou d'étranger, de même qu'on ne peut la lui contester, que dans un autre procès où elle est engagée accessoirement ; il ne saurait donc être question que d'une autorité purement relative du jugement et limitée aux parties en cause, puisque les contestations sur la nationalité ne peuvent se trouver engagées qu'incidemment (2). C'est ainsi qu'un demandeur, de qui l'on réclame la caution *judicatum solvi*, s'y soustrait en excipant de sa qualité de Français ; de même, un individu fait valoir ses droits de Français à l'occasion de sa radiation des listes électorales faite à la demande d'un tiers (3). On sait aussi que le ministre de la guerre est en droit, comme chef

(1) Bonnier, § 889.
(2) Cf. chap. 1er, p. 19.
(3) Cass., 4 mai 1881 ; D. 1883, 1, 374.

de l'armée, de contester la nationalité de tous ceux qui y sont incorporés, afin d'assurer l'exécution de la loi qui en refuse l'entrée à quiconque n'est pas Français (1) : si donc le ministre de la guerre introduit une action devant les tribunaux contre un individu qu'il soupçonne de s'être fait indûment incorporer, celui-ci fera valoir sa qualité de Français. Mais dans toutes ces circonstances, le jugement rendu, quel qu'il soit, n'aura qu'une autorité relative, et le premier intéressé venu sera recevable à remettre en question la nationalité reconnue *inter alios*. Et en dehors de ces cas, un individu n'aura pas le droit d'intenter une action principale en réclamation de nationalité ou en contestation de nationalité ; il sera obligé de recourir à des moyens détournés : c'est ainsi qu'on a vu plusieurs fois des Français sous le coup d'un arrêté d'expulsion qui les avait injustement frappés, obligés de commettre une infraction à cet arrêté et de venir se faire arrêter en France, dans le but de faire reconnaître au cours des poursuites contre eux dirigées leur vraie qualité de Français (2).

(1) Paris, 1er décembre 1885, D. 1887, 1, 86.

(2) Voyez dans le *Journal de droit international privé* (année 1883, p. 49), l'affaire Gillebert, au sujet de laquelle le ministre des affaires étrangères de Belgique, questionné par un député dans la séance du 3 mars 1882, s'exprimait en ces termes : « c'est au sieur Gillebert à se pourvoir en France devant les autorités compétentes ; il lui suffira de former opposition à l'arrêté d'expulsion ou d'y résister ; dans ce dernier cas, il sera traduit devant les tribunaux français et fera juger la question de sa nationalité ; après

La question de l'effet absolu ou relatif du jugement ne se pose donc pas pour la nationalité ; il était bon d'en prendre note et d'indiquer une lacune de notre législation que l'on retrouve d'ailleurs dans les législations étrangères (1).

§ 2. — Effets de la chose jugée en matière de filiation.

« Habituellement ce qui est jugé avec le père ne l'est pas avec les enfants..... L'intérêt de la stabilité des personnes a fait décider au contraire par les anciens auteurs, en matière de filiation, qu'il suffit de triompher vis-à-vis des parents du premier degré, réputés contradicteurs légitimes, pour que tous ceux des degrés subséquents soient liés par la décision rendue avec les chefs de la famille (2) ».

Cette formule de Bonnier, dont l'inexactitude n'est plus à démontrer, a en outre le tort d'être trop générale. Fidèle à notre méthode, nous ferons des distinctions et nous examinerons séparément l'effet du jugement rendu :

A. En matière de contestation de légitimité.

quoi tout sera dit. *C'est la seule solution à donner à cette affaire* ».

Gillebert suivit ce conseil; mais, poursuivi pour infraction à l'arrêté d'expulsion, il fut reconnu belge par les tribunaux français (Paris, 11 juin 1883, Sir., 1883, 2, 177).

(1) Cf. le passage de notre thèse romaine relatif au *præjudicium de civitate*.

(2) Bonnier, § 889.

B. En matière de réclamation et de contestation d'état d'enfant légitime.

C. En matière de reconnaissance d'enfant naturel, de réclamation et de contestation d'état d'enfant naturel (1).

Nous nous efforcerons d'exposer toutes les situations qui peuvent se présenter, et de mettre en lumière les conséquences de l'effet relatif de la chose jugée dans chaque espèce.

A. — *Contestation de légitimité.*

L'action en contestation de légitimité est beaucoup moins étroite que l'action en désaveu : poursuivant un but assez voisin, puisqu'elle a pour objet de dénier la légitimité d'un individu dont la naissance ou la conception se place en dehors du mariage, elle n'est pas soumise à la même rigueur de réglementation, parce que cet individu n'est pas né sous la protection de la règle *pater is est*; aussi l'action est-elle accordée d'une manière bien plus généreuse et plus large par la loi, ou pour mieux dire en vertu du droit commun, à toute personne intéressée, c'est-à-dire à toute personne ayant un intérêt né et actuel à contester la légitimité de l'enfant : au mari lui-même, au cas de divorce ; aux

(1) Le désaveu, lorsque l'action est intentée après le décès du mari par les héritiers de celui-ci, devrait ici trouver place, si nous ne l'avions étudié plus haut (ch. III, section II), en raison de ses caractères tout spéciaux.

héritiers du mari, aux héritiers de la mère, à la mère elle-même, enfin à l'enfant, le plus souvent dans un intérêt de succession, ou à l'occasion d'une demande d'aliments.

La légitimité de l'enfant peut donc avoir pour contradicteur quiconque a intérêt à la contester, et, suivant les chances des jugements rendus séparément avec les divers intéressés, elle existe pour ceux-ci, et n'existe pas pour ceux-là. Le droit commun est donc ici applicable, en dépit de toutes les affirmations de la théorie du légitime contradicteur, et le jugement n'a d'effet qu'entre les personnes qui y ont été parties, et entre leurs héritiers, successeurs et ayant cause (1), soit qu'il déclare l'illégitimité, soit au contraire qu'il proclame la légitimité ; la tierce opposition est ouverte à ceux qui n'ont pas été appelés, alors qu'ils auraient dû l'être, et auxquels le jugement fait subir un préjudice. C'est ainsi que les héritiers du mari qui seraient restés dans l'inaction ne pourraient se voir opposer le jugement qui aurait débouté les autres de leur demande ; ils auraient le droit, sans se voir repousser par l'exception de chose jugée, d'intenter à leur tour l'action en contestation de légitimité ; et s'ils y réussissaient, l'enfant se trouverait à la fois légitime à l'égard des uns, et illégitime à l'égard des autres. Nous n'insisterons pas sur les con-

(1) En ce sens, Aubry et Rau, t. VI, § 545 *bis*, p. 63, 64 ; Laurent, t. III, p. 580 ; Demolombe, t. V, n° 184.

séquences pratiques ou plutôt peu pratiques de cette double situation ; ce sont les mêmes qu'en matière de réclamation d'état, et on les retrouvera plus bas avec les développements qu'elles comportent ; nous nous bornons à poser ici les principes reconnus aujourd'hui par tous les auteurs et consacrés par quelques arrêts (1).

Mais n'est-ce pas le lieu de se demander si ces principes, qui sont ceux du droit commun, n'ont pas été exprimés quelque part par la loi en ce qui concerne la contestation de légitimité, et si l'article 325 du Code civil n'a pas eu pour but de régler une question de chose jugée ?

Pour notre part nous ne le croyons pas, et nous avons pour nous la très grande majorité des auteurs. Rappelons d'abord les termes de l'article 325 : « La preuve contraire (à la réclamation d'état) pourra se faire par tous les moyens propres à établir que le réclamant n'est pas l'enfant de la mère qu'il prétend avoir, ou même, la maternité prouvée, qu'il n'est pas l'enfant du mari de la mère ». Quel sera, contre le mari, dans une réclamation d'état, l'effet de la preuve de maternité entreprise contre sa femme ? la présomption de paternité en sera-t-elle la conséquence ? et au cas d'affirmative, quelle sera la force de cette présomption ? Telle est la question qui se pose sous l'arti-

(1) Angers, 11 avril 1821, Sir., 1822, 2, 177. Cass., 28 juin 1824, rapp. dans Dalloz, *Rép.*, V° *Chose jugée*, n° 276.

cle 325. Sans doute cet article résout une question de chose jugée ; mais n'a-t-il pas en outre une portée bien plus haute? Deux hypothèses peuvent être en effet prévues.

On peut supposer d'abord que la réclamation d'état a été formée contre la mère ou les héritiers de la mère, sans que le mari ou ses héritiers aient été mis en cause. Si telle était la seule situation à laquelle les rédacteurs de l'article 325 aient entendu se référer, ce serait incontestablement une question de chose jugée qu'ils auraient voulu trancher ; mais la plupart des auteurs repoussent cette opinion, qui a été cependant soutenue par Proudhon (1). L'article 325 ne serait qu'un corollaire de l'article 1351 et une application de la relativité de la chose jugée : le mari et ses héritiers n'ayant pas été appelés au procès, comment la maternité prouvée *inter alios* le serait-elle à leur égard? Et si elle n'est point prouvée à leur endroit, comment entraînerait-elle contre eux la présomption de paternité?

Toutes ces idées sont fort exactes. Le mari et ses héritiers ne sauraient être condamnés de plein droit, s'ils n'étaient point parties dans la cause ; mais ce qui est faux, c'est que l'article 325 ait entendu les exprimer, ou du moins que la consécration de ces principes ait été son principal objet. Proudhon invoque

(1) Cf. Proudhon, *État des personnes*, p. 74-75. *Contrà*, Valette sur Proudhon, p. 75-77.

néanmoins en ce sens des arguments tirés des travaux préparatoires (1) et en particulier de l'exposé des motifs du Tribunat : « ... La section a pensé que l'unique objet de sa disposition était de changer la jurisprudence actuelle sur un cas particulier facile à prévoir... (suit l'espèce, où il s'agit en effet d'une réclamation d'état dirigée contre la mère et en dehors du mari)... Il peut arriver que les parents de la femme, soit par négligence, soit par collusion avec le réclamant, aient laissé accueillir une réclamation très peu fondée, *et que les parents du mari se trouvent lésés au dernier point par un jugement dont on prétend conclure que le réclamant était l'enfant du mari, quoiqu'il n'eût été question au procès que de savoir s'il était l'enfant de la femme. L'article du projet a pour but de parer à cet inconvénient grave.* La section ne peut qu'approuver un si juste motif ».

A ce passage qui peut sembler très probant au premier abord on peut opposer l'ancienne rédaction de l'article 325, qui montre bien qu'alors même qu'on admettrait que les rédacteurs avaient en vue cette hypothèse, ils en prévoyaient surtout une seconde, celle où le mari et ses héritiers étaient eux-mêmes en cause ; l'article 325 était primitivement ainsi conçu : « *La famille* à laquelle le réclamant prétend appartenir sera admise à combattre sa réclamation par tous les

(1) Cf. Locré, t. VI, p. 137 ; Demolombe, t. V, n° 258, p. 229-230.

moyens propres à prouver non seulement qu'il n'est pas l'enfant du père, mais encore qu'il n'est pas l'enfant de la mère qu'il réclame. Il s'agit ici de la famille paternelle, car « c'est elle que cette rédaction autorise à repousser même la maternité ; donc on suppose aussi la famille paternelle en cause (1) ». La rédaction n'a été modifiée que dans l'intérêt de la clarté.

Visant donc tout spécialement l'hypothèse où la réclamation d'état est poursuivie à la fois contre les deux branches maternelle et paternelle, l'article 325 s'est proposé pour but tout spécial, et en raison du peu de garanties qu'offrent des témoignages le plus souvent très suspects, de remplacer le désaveu et tout son cortège de dispositions rigoureuses par une action plus large : c'est en réalité un cas de contestation de légitimité que l'article 325 a voulu créer pour faciliter en réponse à une action en réclamation d'état, soit au mari ou à ses héritiers, soit même à la femme ou à ses héritiers (2), les moyens de faire tomber une présomption de paternité que la simple preuve testimoniale apportée par l'enfant devait rendre moins forte en droit comme en fait (3). C'est ce qu'expriment

(1) Demolombe, *l. c.*, p. 231.

(2) Il pourrait arriver que l'action dût alors être écartée comme tendant à la preuve judiciaire d'une filiation adultérine, prohibée par l'article 342, par exemple s'il résultait de faits témoignés par l'une ou l'autre des parties, ou par le réclamant, qu'il n'est pas l'enfant du mari de la femme contre laquelle il agit.

(3) En ce sens Duranton, t. III, n° 137 ; Valette sur Proudhon,

les mots : « par tous les moyens propres à établir, etc... » qui n'ont été écrits que pour introduire de la manière la plus large l'action en contestation de légitimité. La Cour de cassation s'est prononcée en ce sens dès 1854 (1).

Nous concluons donc que l'article 325 n'a jamais eu pour but direct d'appliquer à la contestation de légitimité les principes généraux de la chose jugée, et certes, il est permis de le regretter. Si tel avait été en effet son objet, nous aurions eu d'excellentes raisons à ajouter à celles qui ont été déjà fournies, pour affirmer que, dans le système du Code, la relativité de la chose jugée est en principe souveraine maîtresse en matière d'état ; aussi nous pardonnera-t-on d'avoir insisté sur une théorie, qui, envisagée sous tout autre aspect, peut avoir les apparences d'un hors d'œuvre.

B. — *Réclamation et contestation d'état.*

De toutes les actions concernant l'état des personnes, les actions en réclamation et en contestation d'état sont assurément celles qu'on a le plus étudiées au point de vue des effets de la chose jugée ; au reste, une foule de questions qui ont été discutées sous cette rubrique, et qui sont soulevées par l'application du principe de la relativité, sont communes à d'autres

l. c. ; Demolombe, p. 232-240 ; Merlin, *Rép.*, V° *Légitimité*, section IV, § 4, n° 7 ; Aubry et Rau, § 544, 3°, n. 30 et 32 à 34.

(1) Cass., 11 avril 1854, D. 54, 1, 92.

actions concernant la filiation et notamment à l'action en contestation de légitimité. On ne doute plus aujourd'hui que les deux actions en réclamation et en contestation d'état ne soient, comme cette dernière, régies par la règle de l'article 1351. Toutefois, comme c'est sur ce terrain que la théorie du légitime contradicteur avait posé ses premiers fondements, nous rappellerons, sans entrer dans les détails, et pour ne pas revenir sur des développements antérieurs (1), quelles sont les grandes lignes de cette théorie en matière de réclamation d'état. L'action peut être intentée dans trois situations différentes :

1° Du vivant des deux époux ;

2° Après la mort de l'un d'eux ;

3° Après la mort des deux.

Dans le premier cas, les époux doivent, d'après la théorie du légitime contradicteur, être mis tous deux en cause. Quant aux enfants, ils doivent être appelés selon les uns, tandis que, selon les autres, ils sont censés représentés toutes les fois que le jugement leur est favorable. Dans le second cas, le survivant des deux époux ne peut représenter les héritiers de l'époux prédécédé ; les enfants doivent être mis en cause, ainsi que les plus proches parents de l'époux prédécédé. Dans le troisième cas enfin, on applique aux parents de chaque époux ce qui vient d'être dit

(1) Cf. chap. II, page 35 et suiv.

des parents de l'époux prédécédé (1). Quant aux enfants nés postérieurement au jugement, ils sont censés y avoir été représentés, si le jugement a été rendu contre les légitimes contradicteurs.

Cette application de la théorie est aussi fausse que le principe lui-même : si l'enfant qui n'a pas d'acte de naissance faisant preuve suffisante de sa filiation, et qui n'a pas non plus la possession d'état d'enfant légitime, demande à établir qu'il est issu de deux personnes unies en mariage, en prouvant d'abord par témoins sa filiation maternelle, le jugement qui intervient en sa faveur ou contre lui n'a pas autorité contre tous, même quand les individus désignés plus haut comme contradicteurs légitimes y ont été parties. Pour la femme et le mari, par exemple, s'il est vrai de dire qu'ils sont contradicteurs *naturels* à une action qui tend à leur attribuer une maternité et par suite une paternité qu'ils repoussent, on ne saurait trouver un texte qui leur confie la mission légale de représenter en justice les autres membres de la famille.

Pourtant, en cette matière de la réclamation d'état, les partisans du légitime contradicteur apportent des arguments nouveaux pour corroborer ceux sur lesquels ils fondent leur théorie générale. C'est ainsi qu'ils s'appuient sur le passage de Vinnius : « *Sufficit*

(1) Cf. l'exposé de cette théorie dans Demolombe, t. V, n°s 313-319.

pronuntiatum esse, legitimo contradictore præsente, de re principali, *ut valeat sententia inter omnes......* » (*partit. juris*, l. IV, chap. 47).

Dans l'espèce les père et mère étant auteurs de la filiation, la question principale est la suivante : le réclamant est-il l'*enfant* du mari et de la femme ? toutes autres questions ne sont que secondaires, comme celle de savoir si le réclamant est *frère* de leur enfant, *neveu* de leur frère (1). L'argument n'est plus tout à fait le même que dans la théorie générale : le jugement a un effet absolu, non plus parce que les père et mère sont les principaux intéressés, mais parce que le rapport de filiation a été l'objet principal du procès ; ce n'est pas à raison de la qualité des défendeurs, mais bien eu égard à la nature de la question directement tranchée, que le jugement aura force de chose jugée *erga omnes*. Au fond, l'idée ainsi présentée est encore plus inexacte : car l'état de légitimité, *vis-à-vis des père et mère*, impliquera que l'individu reconnu pour leur fils par le jugement est également le frère de leurs enfants ; mais, *par rapport à ceux-ci*, il n'y aura point de préjugé, et cet individu ne sera *vis-à-vis d'eux*, ni leur frère, ni l'enfant de leurs parents.

Les partisans de cette même doctrine ajoutent encore, en réponse à cette objection qu'il dépend uni-

(1) C'est ainsi que Demolombe présente cet argument (t. V, p. 292-293), qu'il ne réfute pas.

quement du mari et de la femme dans leur système d'introduire des étrangers au sein de la famille, que la collusion par laquelle les deux époux arriveraient à ce résultat serait toujours déjouée, grâce à la tierce opposition que l'on a nommée depuis tierce opposition extraordinaire : car « lorsque les autres parents contestent l'état d'un individu auquel ceux qui se sont dits ses père et mère ont donné un titre de naissance ou une possession d'état, il est clair qu'ils soutiennent que ce titre est faux ou que la possession est usurpée (1) ». Mais c'est résoudre la question par la question. La tierce opposition extraordinaire n'est ouverte qu'à ceux qui ont été représentés au procès ; or l'on se demande précisément si les parents l'ont été par le mari et par la femme.

Une autre théorie, voisine de celle du légitime contradicteur, et qui emprunte beaucoup aussi à celle de la représentation imparfaite, a été soutenue par Rodière (2) en matière de réclamation d'état. Cet auteur distingue, pour déterminer l'étendue des effets de la chose jugée en l'absence de quelques-uns des intéressés, entre le cas où la réclamation d'état a été accueillie, et celui où elle a été écartée. Si la réclamation d'état a été accueillie, le jugement rendu avec un

(1) Demolombe, t. V, p. 292 *in fine*, ne réfute pas davantage cet argument.

(2) Rodière, *Solidarité et indivisibilité*, § 401 et suiv., en particulier § 403 et 404.

seul des intéressés ne peut pas avoir l'autorité de la chose jugée vis-à-vis des autres ; mais si elle a été écartée, le jugement peut être opposé par les intéressés qui n'y ont pas figuré, « parce que le demandeur avait naturellement réuni tous ses moyens, et qu'il ne doit pas dépendre d'une partie, en s'adressant successivement à trois ou quatre adversaires, de tenter autant de fois la chance judiciaire et de finir par répandre sur un état qui doit être aussi certain que possible des incertitudes matérielles causées par les contrariétés des jugements rendus sur la même question (1) ».

Cette distinction suppose en définitive que les intéressés ont été représentés au procès par ceux qui y ont été parties, mais que, par suite des effets limités d'un mandat restreint ou d'une représentation imparfaite, le jugement rendu n'a autorité à leur endroit que s'il leur profite, mais ne peut pas leur être opposé, s'il leur porte préjudice. La théorie de la représentation imparfaite peut provenir d'une conception ingénieuse ; mais, si ingénieuse qu'elle soit, elle est en dehors des termes de la loi. On a démontré qu'elle est inexacte d'une manière générale, soit qu'on la fonde sur une idée de gestion d'affaires (2), soit que

(1) Rodière, *l. c.*, § 404.

(2) Voir la réfutation de l'idée de gestion d'affaires par M. Raynald Petiet dans une note sous l'arrêt de Cass. du 8 juin 1886, Sir., 88, 1, 481. Un parti considérable dans la doctrine fait application de

l'on prétende que « celui qui a plaidé avec une personne qui n'était pas investie, exclusivement du moins, du droit litigieux, l'a considérée comme légitime contradicteur et a accepté les conséquences de la représentation au profit des autres intéressés (1) ».

Nous nous refusons, en dehors d'un texte, à considérer selon les cas un individu comme tiers ou comme partie à un procès, et, rejetant à la fois la théorie du légitime contradicteur et celle de la représentation imparfaite, nous ne reconnaissons qu'une autorité en ce procès d'état comme en tous les autres : celle de la règle de l'article 1351 et du principe : « *res inter alios judicata* ».

Aux arguments des articles 100 et 54 du Code civil, qui réfutent d'une manière générale la thèse de l'effet absolu, les textes spéciaux à la matière nous permettent d'ajouter un argument très solide tiré de l'article 322 du Code civil d'après lequel « nul ne peut contester l'état de celui qui a une possession conforme à son acte de naissance » : cela ne revient-il pas à dire que l'état d'un individu n'est inattaquable qu'autant qu'il a un titre et une possession d'état conformes ? Dès lors n'est-ce pas enlever à des personnes demeurées étrangères au procès le droit que leur confère

la théorie de la représentation imparfaite à l'effet de la chose jugée dans les rapports des codébiteurs solidaires.

(1) Tissier, *Tierce opposition*, § 121. — M. Tissier réfute d'ailleurs le système sous cette dernière manifestation.

l'article 322, que de les soumettre à l'autorité d'un jugement rendu en dehors d'elles, à la suite d'enquêtes et de simples témoignages oraux? C'est en effet sous cet aspect que la question doit être envisagée, et dans le cas surtout où le jugement a accueilli la réclamation d'état. Nous ne sommes plus ici en présence d'une action réservée, comme le désaveu, à un seul individu ; l'action en contestation d'état n'appartient pas aux époux seuls, elle est ouverte de la manière la plus généreuse à toute partie intéressée, par conséquent à tout parent ; car « tout parent a un droit qui lui est particulier, droit qu'il peut soutenir en justice, et dont il ne peut être privé, parce que d'autres parents ont usé de leur droit, quand même ce seraient les époux dont le réclamant se dit le fils (1) ».

Sans doute l'effet relatif du jugement expose à l'inconvénient de voir renouveler des contestations fâcheuses sur l'état de l'enfant, mais attribuer une autorité absolue au jugement qui accueille la demande du réclamant, ce serait enlever le droit de contester son état à tous ceux auxquels le droit commun donne qualité pour le faire ; ainsi que Laurent le dit fort justement, ce serait plus qu'un inconvénient, ce serait une injustice (2) ; c'en serait une, du moins en présence des règles de notre législation actuelle, qui

(1) Laurent, t. III, n° 492. Cf. aussi Aubry et Rau, t. VI, § 545 *bis*, p. 24-26.

(2) Laurent, t. III, n° 492.

restreint d'une part les effets du jugement aux parties en cause, et admet d'autre part tous les intéressés à agir en contestation d'état.

L'autorité du principe de l'article 1351 reconnue, voici les solutions auxquelles il conduit dans notre matière :

1° Le jugement qui reconnaît la légitimité d'un enfant à la suite d'une action dirigée contre la femme seule, le mari non appelé, ne produit d'effets qu'à l'égard de la femme (solution identique dans la théorie du légitime contradicteur) (1). Inversement, le jugement qui repousse l'action en réclamation d'état intentée par l'enfant contre son père ne produit pas d'effets à l'égard de la femme. Mais l'enfant qui a succombé contre le mari peut-il renouveler l'action contre sa mère, sans se heurter à la règle prohibitive de l'article 342 ? La jurisprudence a décidé que ce serait une recherche en maternité adultérine (2). En réalité cela ne serait exact que s'il résultait des faits invoqués par l'enfant lui-même qu'il est enfant de telle femme, sans être enfant du mari de cette femme (3) ; la filiation adultérine n'est pas en effet complète par un seul et même jugement : elle résulte de la réunion de deux jugements ; il n'y a donc pas, à proprement parler, recherche de maternité adultérine.

(1) Aubry et Rau, *l. c.* ; Bonnier, p. 497 ; Cass., 21 juin 1821 rapp. dans ce dernier auteur.

(2) Cass., 3 janvier 1866.

(3) En ce sens Laurent, t. III, § 489. Cf. plus haut, page 37, note 1.

2° Le jugement qui intervient à la suite de l'action en contestation d'état intentée après la mort de l'enfant contre Primus son héritier ne vaut qu'à l'égard de celui-ci et ne peut ni être invoqué par Secundus et les tiers, autres héritiers de l'enfant, ni leur être opposé (solution également identique à celle du légitime contradicteur, car tous les héritiers également intéressés devraient être appelés au même titre) (1).

3° Les parents qui n'ont point figuré ou qui n'ont pas été représentés comme ayants cause au procès en réclamation d'état ou en contestation d'état, ne peuvent se prévaloir du jugement ni se le voir opposer. Les règles ordinaires de la tierce opposition leur sont applicables.

En résumé, le jugement rendu en matière de réclamation d'état ou de contestation d'état n'a d'effet qu'entre les parties et leurs ayants cause. La difficulté est de déterminer ces ayants cause, et surtout de bien délimiter l'étendue de l'effet du jugement à leur endroit. Deux questions doivent être examinées à ce point de vue :

1° Jusqu'à quel point les héritiers en ligne directe ou collatérale des personnes contre lesquelles une action en réclamation d'état a été admise sont-ils censés représentés au jugement par leurs auteurs ?

(1) Aubry et Rau, *l. c.*, n. 29. Nous avons à peu près suivi la méthode d'analyse de ces auteurs.

2° Quel est l'effet du jugement à l'égard des enfants qui sont nés postérieurement ?

1° L'action en réclamation d'état a deux objets : un objet principal, l'état lui-même, la qualité d'enfant légitime ; un objet accessoire, les conséquences pécuniaires de cet état. En d'autres termes, celui qui agit en réclamation d'état revendique des droits de famille qui lui permettent de faire valoir au jour des droits héréditaires. S'il triomphe dans son action, il pourra se prévaloir à la fois de ces deux sortes de droits vis-à-vis de ses adversaires au procès. Mais en sera-t-il de même à l'encontre des héritiers de ces mêmes adversaires ? Il faut, de l'avis de la grande majorité des auteurs, distinguer entre les droits de succession que le réclamant peut faire valoir à l'exemple des héritiers ; — ceux-ci sont tenus en effet des obligations de leur auteur, par lequel ils ont été représentés au procès ; — et les droits de famille, droits moraux, qui se rattachent à des considérations plus élevées, et que les héritiers conservent, malgré l'échec de leur auteur, dans toute leur intégrité. C'est en vertu d'un droit propre et personnel, et indépendant de toute question de transmission par l'hérédité, qu'un fils par exemple, tout en partageant la succession paternelle par lui acceptée avec un individu qui a réussi à faire reconnaître sa légitimité vis-à-vis du père, est recevable à dénier vis-à-vis de ce frère prétendu, sa qualité de membre de la famille et son droit de porter le nom de la famille (1). La Cour de cassation a adopté cette solution dans un arrêt du 9 mai 1821 : « Les enfants, dit-elle, acquièrent en naissant d'un mariage légitime des droits propres et personnels qu'il ne faut pas confondre avec ceux qui peuvent leur appartenir comme héritiers dans la succession de leurs auteurs ; à l'égard de ces derniers droits, les enfants sont obligés de remplir tous les engagements de leurs auteurs, et par suite ils sont liés par les jugements où ceux-ci sont intervenus. Mais il en est autrement des droits de famille acquis aux enfants par le seul fait de leur naissance en mariage légitime ; quant à ces droits, leurs auteurs ne peuvent ni les obliger par leur fait, ni les représenter dans les instances où ces enfants n'ont pas été personnellement appelés ». Cette distinction de l'effet du jugement quant aux droits de famille et quant aux droits héréditaires est un des plus grands inconvénients du système de l'effet relatif.

2° Quel est l'effet du jugement à l'égard des enfants nés postérieurement ? Sont-ils censés être les ayants cause de leurs père et mère ? ou sont-ils en droit de dire qu'il n'y a pas chose jugée à leur endroit, faute d'avoir été représentés au procès ?

Dans la théorie du contradicteur légitime, l'effet

(1) En ce sens, Merlin, *Rép.*, V° *Légitimité*, § III, art. 1er, nos 6 à 8 ; Laurent, t. III, n° 490 ; Demolombe, t. V, p. 297 ; Cass., 9 mai 1821, Montpellier, 24 janvier 1822 (Sir., 1821, 1, 249 ; 1824, 2, 58).

absolu du jugement rendu en présence du contradicteur légitime s'étend à la personne de l'enfant né postérieurement.

« Si un enfant naît, dit d'Argentré, après le jugement contre l'état du père prononcé, il se trouve être fils d'un roturier prouvé, déclaré et jugé ; et la condition duquel ne se peut plus remettre en difficulté par celui qui ne tire droit ni conséquence que de lui, *velut ab infecta radice*, étant par sa naissance prévenu de jugement ; chose qui l'exclut de toute contradiction..... (1) ». Il semble que dans le système de l'effet relatif, la solution contraire s'impose; et pourtant des auteurs, partisans de l'application de l'article 1351, comme Merlin, Zacharie et MM. Aubry et Rau, l'ont rejetée (2) : à leurs yeux, l'enfant né postérieurement au jugement doit accepter la situation qui lui est faite par le jugement rendu contre ses père et mère, « en raison des considérations tirées des nécessités pratiques et de l'intérêt des familles... Il ne serait pas ra-

(1) D'Argentré, *Avis sur le partage des nobles*, ch. 39, n° 6. Cette solution est née de la loi dernière au Code, *De liberali causa*. Quant aux enfants nés pendant le procès, mais avant le jugement, on leur imposait la même situation en droit romain à cause des effets de la *litis contestatio* ; mais, en droit français, les mêmes raisons ne subsistent plus : d'Argentré admettait déjà, bien que partisan de l'effet absolu, qu'ils devaient être mis en cause, « ce qui autrement se jugerait, ajoute-t-il en effet, s'il eût été né auparavant le jugement, auquel cas il eût été fondé en intérêt formé en sa personne ». Cf. Merlin, *Rép.* V° *Q. d'état*, § III, art. 2, n° 3.

(2) Cf. Aubry et Rau, § 544 *bis*, n. 32 ; Merlin, *Rép.*, V° *Q. d'état*, § III, art. 2, n° 3.

tionnel que l'enfant qui a mis en cause tous les membres de la famille alors existants, recommençât la lutte chaque fois que la famille s'augmenterait d'un nouveau membre (1) ». Ils ajoutent que les preuves disparaissent avec le temps et que le procès pourrait, sans cet adoucissement à la rigueur des principes, être renouvelé à une époque où l'enfant ne pourrait plus reproduire des preuves qui l'avaient aidé à triompher dans son action. Enfin ils font remarquer que l'enfant ne peut prétendre après sa naissance à des droits qui n'existaient pas à cette époque.

Cette solution mixte n'est pas admissible : il n'y a pas de raison de distinguer dans le groupe des parents qui n'ont pas figuré au procès et qui n'y ont pas été représentés, d'une part ceux qui étaient nés antérieurement au jugement, d'autre part ceux qui sont nés depuis. Pour les uns comme pour les autres il y a eu *res inter alios judicata*.

Nous préférons nous rattacher au système de Valette, de Demolombe et de Laurent (2), le seul qui soit conforme aux vrais principes, tout en regrettant de ne pas pouvoir faire aux partisans de l'effet absolu, ce que Demolombe appelle une « périlleuse concession (3) » ; ce qui serait en réalité une concession utile.

(1) Aubry et Rau, *l. c.*, *ibid.*

(2) Valette sur Proudon, p. 113 ; Demolombe, t. V, n° 321 ; Laurent, t. III, § 490.

(3) Demolombe, *l. c.*, *ibid.*

Nous concluons que les enfants qui naissent après le jugement peuvent être représentés par leurs auteurs en qualité seulement d'héritiers, mais qu'ils ne sont pas plus représentés que d'autres parents quant aux droits de famille qu'ils possèdent en vertu d'un pouvoir propre et indépendant de cette qualité (1).

La rigueur du principe de l'article 1351 n'en est pas moins, en matière de filiation, une source de difficultés presque insolubles : à côté de celles que nous avons déjà indiquées et qui résultent de la distinction dans un même individu des droits héréditaires et des droits de famille, nous devons en mentionner d'autres qui se réfèrent au partage de la succession entre trois individus, par exemple, quand l'un, ayant qualité de frère légitime vis-à-vis du second, ne peut être considéré comme tel à l'égard du troisième. Supposons par exemple avec Proudhon (2) qu'un père décède, en laissant deux enfants légitimes dont l'un est absent du domicile paternel. Survient un troisième individu, qui intente une action en réclamation d'état contre l'enfant présent afin d'avoir sa part dans la succession, et qui établit judiciairement sa légitimité. Sur ces entrefaites, l'absent revient et conteste l'état de cet inconnu dont il ne soupçonnait pas l'existence

(1) Laurent, III, n° 493. Nous signalons en passant un système peu rationnel distinguant entre la première et la seconde génération. Cf. Dalloz, *Rép. ch. j.*, n° 275.

(2) Proudhon, *Usufruit*, n° 1357 et 1358.

et qui a réussi à faire reconnaître sa légitimité ; il forme tierce opposition au jugement et fait déclarer que l'enfant n'est pas légitime. Cette situation compliquée n'est pas de nature à se présenter souvent en pratique ; mais elle mérite un sérieux examen au point de vue des principes. Comment se fera le partage de la succession ?

Il est certain que celui des enfants contre lequel la réclamation d'état a échoué prendra la moitié de la succession : car il n'a qu'un frère. Mais comment se fera le partage de l'autre moitié ? Donnera-t-on un quart à chacun des deux autres, au réclamant et à celui contre lequel la réclamation d'état a réussi ? Tel fut d'abord l'avis de Duranton. Mais dans sa seconde édition (1), il adopta une solution plus équitable, qui fut reprise depuis par Demolombe (2) et par la plupart des auteurs : il ne reste que trois sixièmes de la succession à partager entre deux personnes, qui ayant chacune deux frères, devraient avoir un tiers de la succession (art. 745) ; mais on fait justement remarquer que « l'enfant contre lequel la réclamation d'état a réussi ne peut pas éprouver de préjudice à cause de l'insuccès de cette réclamation contre son frère » : il aura donc deux sixièmes de la succession, c'est-à-dire un tiers et ne laissera qu'un sixième au réclamant.

(1) Duranton, t. XIII, nº 527.
(2) Demolombe, t. V, nº 309. — Griolet, p. 145.

Autre difficulté provenant de l'application du principe de l'article 1351. Un individu dont la filiation légitime a été reconnue par un jugement passé en force de chose jugée serait en droit de réclamer vis-à-vis d'autres personnes un état différent du premier ; reconnu par jugement fils légitime de Pierre, il pourrait intenter contre Paul et sa femme une action en réclamation d'état. Un arrêt de cassation de prairial an VII l'a bien nié, sous prétexte que le réclamant s'était mis par sa faute dans l'impossibilité de réclamer une autre filiation (1) ; on a cru voir dans cet arrêt l'application du principe érigé en loi par l'article 322, « que nul ne peut réclamer un état contraire à celui que lui donnent son titre de naissance et la possession d'état conforme à ce titre ». Mais cette opinion de la jurisprudence n'est pas fondée : il se peut en effet que le premier jugement n'ait pas été rendu à la demande de l'enfant ; en outre, la règle de l'article 322 ne s'applique qu'au cas où l'enfant a un acte de naissance conforme à sa possession d'état ; or, le jugement dont l'effet n'est que relatif n'est pas un titre au sens de l'article 322 (2). Aussi la grande majorité des auteurs admettent-ils la faculté pour l'enfant de réclamer une filiation différente de celle qui lui a été attribuée par un premier jugement (3). Si

(1) Cass., 8 prairial, an VII, D. *ch. j.*, n° 277.
(2) En ce sens : Demolombe, t. V, p. 301.
(3) Merlin, *Rép.*, t. 17. V° *Q. d'état*, § III, art. 1, n° 10.

donc l'enfant use de cette faculté et obtient un jugement favorable à sa demande, il sera déclaré successivement fils de deux pères et vis-à-vis de chacun d'eux. De là des difficultés insolubles pour le droit d'émancipation, pour le consentement au mariage : la puissance paternelle du premier père l'emportera-t-elle sur celle du second ? Il n'y a pas de raison de le croire. Que décider dès lors, si l'un des deux pères consent au mariage ou à l'émancipation ; tandis que l'autre s'y refuse (1) ?

Et si l'un des deux pères forme tierce opposition ou agit principalement contre l'autre, il arrivera fatalement que l'un d'entre eux sera privé de la puissance paternelle qu'il abandonnera à l'autre avec tous ses attributs et toutes ses prérogatives ? D'autre part, si l'on admet que la tierce opposition ne porte pas atteinte aux effets du jugement qui ne nuisent pas au tiers opposant, l'on aboutit à cette situation bizarre d'un enfant qui pourra se prévaloir de ses droits de légitimité vis-à-vis d'un individu, lorsque ce dernier ne pourra exercer à son encontre aucun des droits de puissance (2).

(1) Demolombe, *l. c.*

(2) Griolet, p. 145, 146. Demolombe conclut un peu différemment que la tierce opposition qui réussira aura pour résultat de faire tomber complètement l'un des jugements à l'égard de toutes les parties qui y avaient figuré, à raison de l'indivisibilité non pas seulement cette fois de l'état lui-même, mais des conséquences de ces deux décisions dont l'adoption simultanée serait impossible ». Demolombe, t. V, n° 302.

Telles sont les conséquences logiques incontestablement, mais souvent iniques, et presque toujours impossibles à mettre en pratique, auxquelles conduit l'application rigoureuse de la règle de la relativité en matière de réclamation d'état ; comme les mêmes situations peuvent se présenter à la suite du procès de contestation de légitimité, en un mot quelle que soit la forme que revête un procès concernant des rapports de paternité et de filiation, il est naturel de déplorer que notre législation n'ait pas songé à un système qui entraîne moins de complications et qui soit plus conforme, sinon aux principes juridiques, du moins aux lois d'unité dans l'état d'un individu et dans la famille, qui sont la base de toute société bien réglée.

C. — *Reconnaissance d'enfant naturel. — Réclamation et contestation d'état d'enfant naturel.*

On retrouve en matière de filiation naturelle à peu près les mêmes questions qu'en matière de filiation légitime : telle est peut-être la raison du silence des auteurs qui, peu féconds sur celle-là, ne se sont pas du tout expliqués, ou peu s'en faut, sur celle-ci. Quant à la jurisprudence, elle est sur ce point d'une extrême pauvreté.

Nous estimons que la règle de l'article 1351 doit s'appliquer encore ici dans toute sa rigueur ; voici donc les solutions que nous adoptons :

1° Le jugement qui reconnaîtrait à un individu la

qualité d'enfant naturel de tel homme ou de telle femme, ne ferait pas loi pour les tiers intéressés qui n'auraient pas figuré dans l'instance ;

2° Le jugement intervenu sur une action en nullité de reconnaissance d'enfant naturel intentée par une personne dans les cas où la loi l'y admet, n'a effet qu'à l'égard de cette personne. S'il rejette la demande en annulation, il ne prive pas les tiers qui n'ont pas été représentés au procès de demander à leur tour la nullité. S'il prononce au contraire la nullité, l'enfant n'en restera pas moins enfant naturel reconnu au regard des tiers qui n'ont pas été parties à l'instance. C'est ainsi que, si la nullité a été prononcée à la demande des père et mère légitimes, qui peuvent, en raison de leur intérêt moral, agir en nullité contre la reconnaissance même du vivant de l'enfant (1), la reconnaissance n'en restera pas moins valable à l'égard d'un autre individu qui aurait déjà reconnu l'enfant. Bien entendu, les héritiers et successeurs universels de l'enfant sont représentés par lui au procès et ne peuvent pas se prévaloir de la reconnaissance jugée nulle à son endroit. Enfin tout le monde reconnaît que l'auteur de la reconnaissance et l'enfant doivent être tous deux mis en cause. Si l'enfant n'était pas appelé, la décision judiciaire qui annulerait la reconnaissance n'aurait pas force de chose jugée par rapport à lui (2).

(1) En ce sens, Aubry et Rau, t. VI, § 568 *ter*, n. 28.

(2) En ce sens Baudry-Lacantinerie, t. I, § 905.

3° La réclamation de maternité intentée avec succès par un individu contre celle qu'il prétend être sa mère naturelle n'aurait pas d'effet à l'égard de l'auteur d'une reconnaissance antérieure de paternité, non présent à l'instance. Celui-ci pourrait former tierce opposition au jugement qui aurait reconnu l'existence de la maternité naturelle. « Car cette décision, lors de laquelle il n'aurait été ni partie, ni représenté, pourrait préjudicier beaucoup à ses droits, sous le rapport de sa réputation et de son honneur, soit sous le rapport de son autorité sur la personne de l'enfant et de ses obligations, ou de ses droits pécuniaires résultant de la reconnaissance (1) ».

Demolombe fait remarquer que si le jugement était rétracté sur la tierce opposition, il perdrait tous ses effets à l'égard des parties : en effet, s'il les perd à l'égard de l'auteur de la reconnaissance antérieure, il les perd par là même à l'endroit de l'enfant et de la femme entre lesquels le jugement avait été rendu, à raison de « l'indivisibilité non pas seulement de l'état, dit Demolombe, mais des conséquences de deux décisions dont l'exécution simultanée serait impossible (2) ». Cela n'est pas prouvé, et le conflit ne serait sans doute pas plus facilement tranché que dans la situation analogue en matière de réclamation d'état (3).

(1) Demolombe, t. V, n° 535. Cf. aussi, t. V, n° 323.
(2) Demolombe, t. V, n° 535.
(3) Cf. plus haut, *Réclamation d'état*, et Griolet, p. 145 et 146.

§ 3. — Effets de la chose jugée en matière de mariage

La matière du mariage au point de vue de l'effet de la chose jugée n'a guère été examinée particulièrement que par Merlin (1) ; encore cet auteur n'a-t-il fait qu'entrevoir un nombre fort restreint de questions. En jurisprudence, le premier et unique arrêt qui y ait trait date du 14 juin 1890 (2). Il est donc permis de dire sans exagération que nous nous trouvons ici sur un terrain peu connu, et pour ainsi dire inexploré.

La question générale de l'effet de la chose jugée en matière de nullité de mariage se pose dans les termes suivants : quelle est l'autorité d'un jugement rendu sur une demande en nullité de mariage, soit qu'il prononce la nullité, soit qu'il repousse la demande ?

Nous ne nous attarderons pas à démontrer que la solution de l'ancienne théorie du contradicteur légitime (3), qui reconnaissait une autorité absolue à tout jugement rendu sur une action en nullité de mariage, pourvu qu'on eût appelé comme légitimes contradicteurs les époux et les enfants nés avant le procès,

(1) Merlin, *Rép.*, t. 17, V° *Q. d'état*, § III, art. 1er, n° 9.

(2) Cf. sous cet arrêt de la Cour d'Agen la note très importante de M. de Loynes, D. 91, 2, 153 et suiv.

(3) Toullier, t. X, §§ 224 et 225.

n'est qu'une application d'un faux principe que nous avons ailleurs combattu (1).

Quant au système opposé, celui de l'effet relatif, il est en droit d'invoquer l'article 1351, qui ne saurait être considéré comme un texte d'exception. Qu'on naille pas prétendre en effet que « l'on ne peut pas suppléer au silence de la loi en invoquant l'article 1351 ; car le mariage n'est pas un contrat pécuniaire, il est régi par des règles particulières » ; ou que, « lorsqu'il s'agit d'un contrat ordinaire, la chose jugée n'a qu'une autorité relative, parce que le contrat ne produit d'effets qu'entre les parties contractantes, parce qu'il ne nuit ni ne profite aux tiers (art. 1165 civ.) ; mais qu'il est logique d'admettre une solution différente en matière de mariage, puisque ce contrat produit des effets absolus et peut être opposé à tous et par tous (2) ». Nous avons répondu par avance à toutes ces observations, en montrant que le chapitre des preuves dont l'article 1351 fait partie s'étend à toutes les matières du droit civil.

Ce n'est pas que nous pensions que cet état de choses soit le meilleur, ou même que le législateur l'ait imposé de parti pris. On arrive, en effet, en poussant à l'extrême les conséquences du principe de l'effet relatif en matière de mariage, à des résultats si exorbitants, qu'il est impossible de croire, sans qu'on puisse

(1) Cf. plus haut, ch. II, section II.

(2) De Loynes, *l. c.*

rien affirmer, que les rédacteurs du Code n'aient pas eu en vue d'autres règles qu'ils n'ont pas eu le loisir d'établir ; c'est au législateur de l'avenir qu'il appartiendra de combler cette lacune ; c'est aux tribunaux, en attendant une réforme, qu'incombe la mission bien délicate de concilier les principes généraux du droit avec les nécessités de la pratique.

Ceci posé, nous adoptons, en abordant cette matière si difficile, l'ordre suivant qui nous a paru être l'ordre logique pour une étude de l'étendue d'application de l'article 1351 dans les nullités de mariage.

A. Effets de la chose jugée au cas d'annulation d'un mariage pour vices du consentement des époux dans les conditions de l'article 180 du Code civil.

B. Autorité du jugement de rejet d'une action en nullité de mariage pour cause de nullité relative autre que celle de l'article 180 ou pour cause de nullité absolue.

C. Autorité du jugement prononçant la nullité d'un mariage pour cause de nullité relative autre que celle de l'article 180 ou pour cause de nullité absolue.

D. Etude particulière de l'autorité de la chose jugée en matière de nullités de mariage à la requête du ministère public. Conséquences qu'on peut en tirer en vue d'une théorie générale.

A. — *Effet de la chose jugée au cas d'annulation d'un mariage pour vices du consentement des époux dans les conditions de l'article* 180 *du Code civil.*

Il convient de faire une place spéciale à l'action en nullité de l'article 180 du Code civil et au jugement qui intervient sur cette action, soit pour la rejeter, soit pour annuler le mariage (1). Lorsque le consentement des deux époux ou de l'un d'eux a été vicié, le mariage ne peut être attaqué que par les deux époux dont le consentement n'a pas été libre. Il en résulte que, les époux seuls ayant le droit de se prévaloir de la nullité, le mariage demeure, selon qu'ils échouent ou qu'ils réussissent, inattaquable pour tout le monde ou nul pour tout le monde (2). L'article 180 du Code civil est en dehors du domaine de l'article 1351, et l'effet absolu du jugement tient à des circonstances particulières et analogues à celles qui se présentent en matière de désaveu.

La question s'est posée récemment devant le tribunal de Mirande (jugement du 28 juin 1889) et devant la cour d'Agen (arrêt du 14 juin 1890). Il s'agis-

(1) Cf. plus haut, ch. III, section II. — Nous avons préféré renvoyer ici, pour ne pas scinder les explications relatives au mariage, l'examen de cette question, qui aurait été plus à sa place à côté du jugement rendu sur une action en désaveu.

(2) Nous faisons bien entendu exception pour le cas d'un mariage putatif, dans lequel nous réservons, si le jugement prononce la nullité, les droits de légitimité et de succession des enfants.

sait dans l'espèce de décider si un jugement qui annule un mariage pour cause de violence envers un des contractants, a autorité de chose jugée à l'égard de l'enfant issu de ce mariage et qui n'a pas été partie à l'instance en nullité. Une femme avait fait annuler son mariage pour cause de violence ; le mari s'était remarié ; un enfant né du mariage avant l'annulation réclamait sa part de succession contre les enfants du second mariage. Le tribunal d'Agen rejeta la demande de l'enfant pour des raisons accessoires (1), mais décida qu'il y avait lieu d'appliquer l'article 1351 : « Attendu, dit le jugement, que si l'enfant n'a pas été mis en cause dans l'action en nullité, il n'a pas été en mesure de défendre sa légitimité, et que par suite l'exception de chose jugée ne saurait lui être opposée ». Sur appel de l'enfant, la Cour d'Agen confirma le jugement pour des motifs tout différents : elle déclara à bon droit que l'article 1351 était en dehors de la question, et reconnut que l'effet absolu du jugement s'imposait comme sanction du droit exclusif des époux de demander l'annulation : « Attendu que le mariage vicié par la violence ne peut être attaqué que par les époux ou par l'un des époux dont le consentement n'a pas été libre ; que les termes de l'article 180 du Code civil sont formels en limitant l'action d'une

(1) Il eût été nécessaire, d'après le jugement, que l'enfant démontrât pour faire accueillir sa demande que le mariage de la mère était valable ou putatif.

façon absolue ; que l'enfant issu de ce mariage serait donc sans droit pour intenter la dite action ou pour intervenir dans l'instance ; que dès lors le jugement d'annulation vaut chose jugée à l'égard de l'enfant comme à l'égard de tous (1) ». M. de Loynes fait observer avec raison sous cet arrêt que cette argumentation est d'autant plus exacte que l'action en nullité pour vices du consentement des époux est encore plus étroite que le désaveu lui-même : si l'action en désaveu peut être exercée dans certaines circonstances par les héritiers du mari, l'action de l'article 180 est plus exclusivement personnelle aux époux et ne passe jamais à leurs héritiers ; peut-être même ceux-ci ne sont-ils pas recevables à continuer l'action introduite du vivant de l'époux. Il y a donc ici des raisons toutes particulières qui autorisent à tourner le principe de l'article 1351. Mais supposons un instant que ces raisons ne soient pas valables, et reprenons l'espèce de l'arrêt, qui a, par hypothèse, accueilli la demande de l'enfant en se fondant sur l'article 1351 ; voici les conséquences fatales qui en résulteraient. L'enfant étranger au procès demeurera enfant légitime ; il pourra réclamer sa part dans la succession du mari aux enfants du second mariage ; ceux-ci, ayant cause du mari contre qui la nullité du mariage a été prononcée, ne pourront pas tenter en cette qua-

(1) D. 1891, 2, 153. Voyez en ce sens la note de M. de Loynes et un article de M. Charmont, *Revue critique*, 1892, p. 65.

lité de soulever de nouveau la question de nullité; ils n'auront pas davantage le droit d'agir en leur nom personnel, puisque l'article 180 du Code civil réserve l'action aux seuls époux. Il y a plus : si l'époux dont le mariage a été annulé veut se remarier, il devra, dans le système de l'effet relatif, faire une preuve qui est en opposition avec l'esprit libéral de la loi et contraire à la faveur du mariage : il devra prouver à l'officier de l'état civil que tous les intéressés, que tous ceux à qui le jugement doit être opposé pour qu'il y ait effet absolu, ont été parties au jugement; faute de cette preuve, le mariage ne pourra pas être célébré. Enfin, et nous arrivons ici à une solution tout à fait inacceptable, l'enfant du premier mariage sera en droit de contester à ceux du second leur légitimité, sous prétexte que, le premier mariage subsistant à son endroit, leur filiation est adultérine (1).

Si nous avons insisté sur ces conséquences qui se trouvent heureusement écartées par le caractère exclusif de l'action de l'article 180, c'est parce qu'elles pourraient résulter de situations analogues, comme par exemple, de la nullité prononcée pour défaut de consentement des parents, en l'absence de l'enfant né du mariage, où l'on n'aurait pas les mêmes raisons de tourner le principe de l'article 1351 ; nous avons voulu donner par avance un exemple des inconvénients

(1) Cf. de Loynes *l. c.*; Charmont, *Revue critique*, *l. c.*

d'un système qui pousserait jusqu'à l'exagération l'application du principe de l'effet relatif des jugements en matière de nullités de mariage ; c'est ce système que nous allons désormais nous attacher à combattre.

B. — *Autorité du jugement de rejet d'une action en nullité de mariage pour cause de nullité relative autre que celle de l'article* 180, *ou pour cause de nullité absolue.*

Si l'on applique à la lettre l'article 1351, le jugement qui rejette une action en nullité d'un mariage entaché d'une nullité relative autre que celle de l'article 180, ou d'une nullité absolue, n'aura d'autorité *erga omnes* que si toutes les personnes admises à intenter l'action ont été parties au procès. Cela sera très rare en fait : comment en effet pouvoir assurer, surtout au cas de nullité absolue, que tous les intéressés ont été mis en cause ?

Mais continuons à appliquer l'article 1351. Si les nullités sont de nature à ne pouvoir être invoquées que par les époux eux-mêmes et par les parents dont le consentement était requis, le jugement de rejet à la suite d'une instance contre les conjoints n'enlèverait pas aux ascendants ou aux membres du conseil de famille leur action pour attaquer le mariage, à moins toutefois qu'ayant laissé passer les détails fixés par la loi, ils n'aient encouru la déchéance de l'article 183. « Le père tenait de la loi, dit Merlin, avant que ce jugement ne fût rendu, le droit d'attaquer le mariage de son fils; et ce droit qui lui était acquis, il ne pouvait le perdre que par son propre fait. Il n'en a donc pas été privé par l'exercice que son fils a fait de celui qu'il avait lui-même d'attaquer son mariage; et d'ailleurs il n'a été ni a pu être représenté par son fils dans l'instance terminée par ce jugement; il est donc impossible de lui contester le droit de faire tierce opposition; et il est bien évident qu'un jugement qu'il peut écarter par une tierce opposition ne peut être d'aucun effet à son égard » (1). Sans aucun doute; mais à quelle situation étrange ne va-t-on pas aboutir! Supposons que l'époux qui avait besoin du consentement de son père ait agi contre son conjoint, mais ait été repoussé par la fin de non-recevoir de l'article 183, faute d'avoir agi dans le délai d'un an depuis qu'il a atteint l'âge compétent pour consentir par lui-même au mariage; le père, pour qui le jugement de rejet est *res inter alios judicata*, et dont le droit d'action ne peut être écarté par la fin de non-recevoir de l'article 183 (il y a moins d'un an qu'il a eu connaissance du mariage), en demande à son tour la nullité et obtient gain de cause : quelle sera la situation de l'époux dont le mariage sera valable vis-à-vis de son conjoint, nul à l'égard de ses parents? et quelle sera la situation de ses enfants, légitimes par rapport au conjoint, illégitimes à l'endroit du père?

(1) Merlin, *Rép.*, V° *Question d'état*, § III, art. 1er, n° 9.

Mêmes difficultés dans les cas de nullité absolue : conformément aux prescriptions de l'article 1351, le jugement qui les rejettera, malgré la demande de celles des personnes qui ont le droit d'en exciper, n'aura pas l'autorité de la chose jugée vis-à-vis de celles qui seront demeurées étrangères au procès ; il faudrait, pour qu'il en fût autrement, que la loi eût décidé que l'action serait entièrement épuisée par celui des intéressés qui prendrait l'initiative. Nous ne sommes pas loin de croire qu'il en soit ainsi, au moins dans certains cas (1) ; nous regrettons que dans certaines circonstances le législateur ne se soit pas prononcé en ce sens, comme il l'aurait peut-être fait, s'il avait eu le loisir de régler tant de questions importantes qui, dans un travail aussi immense que le Code, pouvaient apparaître comme des questions de détail.

La question ne s'élève pas seulement à propos des nullités, mais bien en matière de preuve ; aussi, bien que l'article 196, dont l'interprétation si délicate a donné lieu à tant de controverses, ait trait à la preuve du mariage beaucoup plus qu'aux nullités du mariage, nous pensons qu'il y a lieu d'en dire quelques

(1) Cf. plus bas notre discussion et le système que nous construisons à propos du rôle du ministère public en matière de nullités de mariage, p. 122 et suiv.

mots. On sait que ce texte décide que les époux sont respectivement non recevables à demander la nullité de l'acte de célébration de leur mariage, lorsque cet acte est soutenu par une possession d'état conforme (1). Mais la fin de non recevoir de l'article 196 est-elle opposable aux tiers? La négative semble bien devoir être adoptée, à ne considérer que les termes de la loi: « Les époux sont respectivement non recevables ». Puis la possession d'état n'est-elle pas l'œuvre des époux seuls? pourquoi nuirait-elle aux tiers (2)? Néanmoins nous nous rallions à l'affimative qui paraît bien être la solution du Code civil italien, vu les termes absolus de son article 119 : « la possession d'état conforme à l'acte de célébration du mariage purge tous les vices de forme ». Il est difficile d'admettre que la loi « ait voulu par le même texte déclarer les époux liés irrévocablement entre eux à raison de leur possession d'état, et cependant perpétuellement menacés de la nullité de leur union (3); puis la possession d'état est aussi bien l'œuvre de la société que celle des époux.

Mais (et nous arrivons ici à une question de chose jugée), quel que soit le parti que l'on prenne dans

(1) Cf. sur l'article 196 l'importante dissertation de M. Gérardin dans la *Revue pratique du Droit français*, t. 21, année 1866.

(2) Baudry-Lacantinerie, t. I, p. 341.

(3) Huc, *Commentaire théorique et pratique du Code civil*, t. II, p. 198.

cette controverse, les tiers seront toujours admis à contester que la possession d'état réunisse les caractères suffisants ; de même l'un des conjoints, se fondant sur les mêmes raisons, pourra demander la nullité de l'acte de célébration ; si les juges repoussent cette demande en alléguant qu'il y a possession d'état bien établie et conforme à l'acte de célébration dont on invoque l'irrégularité, le jugement aura-t-il effet *erga omnes* ou *inter partes*? Les mêmes raisons que nous avons tant de fois invoquées conduisent à appliquer l'article 1351, car il faudrait un texte pour l'écarter ; mais aussi les mêmes motifs que nous avons exposés à propos du rejet des demandes en nullité, combinés avec ceux que nous venons de donner pour étendre aux tiers la fin de non recevoir de l'article 196, portent à désirer vivement qu'une solution législative formelle vienne ici imposer l'effet absolu du jugement.

C. — *Autorité du jugement prononçant la nullité du mariage pour cause de nullité relative autre que celle de l'article* 180 *du Code civil ou pour cause de nullité absolue.*

L'argumentation de la Cour d'Agen que nous avons exposée plus haut, et qui soustrait à l'application de l'article 1351 le jugement qui prononce la nullité du mariage dans le cas prévu par l'article 180, ne peut

(1) En ce sens, Gérardin, *l. c.* — Huc, *l. c.*

pas être reproduite à l'occasion de jugements qui prononcent la nullité d'un mariage entaché de nullité relative ou absolue (1) (art. 182 et 184). Elle serait alors aussi déplacée que la thèse relative au désaveu, si on la reproduisait au sujet de la contestation de légitimité ou de la réclamation d'état (2).

D'autre part, la stricte application de l'article 1351 amènerait à n'attribuer autorité absolue au jugement, que lorsque toutes les personnes autorisées à demander la nullité auraient été mises en cause ; autrement dit, le jugement qui prononce la nullité d'un mariage entaché de nullité relative ou absolue n'aurait pas d'effet à l'égard de ceux qui n'y auraient pas été parties : pour eux, le mariage resterait valable.

1° Il n'aurait pas d'effet à l'égard de ceux qui auraient pu demander la nullité et seraient restés dans l'inaction, c'est-à-dire pour quelques privilégiés dans les cas de nullité relative et pour tous les intéressés dans les cas de nullité absolue : de là encore une division déplorable dans l'état des conjoints, dont le mariage serait valable pour les uns, nul pour les autres. Il est difficile de croire que les rédacteurs du Code aient admis de propos délibéré une solution aussi peu pratique et dont l'espèce suivante montre bien les inconvénients et le défaut de logique. Un individu s'est

(1) En ce sens, de Loynes, *l. c.*
(2) Cf. plus haut, § II, A et B.

marié avant d'avoir l'âge requis ; son mariage est entaché d'une nullité absolue, mais le père, qui a consenti au mariage, n'est point recevable à en demander la nullité (art. 186) ; l'époux impubère fait prononcer la nullité du mariage contre son conjoint : le mariage continuera-t-il à être valable au regard du père ? Sans aucun doute pour les partisans du système de l'effet relatif à outrance. — Mais ce serait exorbitant et contraire à l'esprit du Code : si l'article 180 enlève ce droit d'agir en nullité aux ascendants qui ont consenti au mariage d'un impubère, c'est pour qu'ils ne puissent pas, selon le mot de Portalis, « se jouer de la foi du mariage, après s'être joués des lois » ; or ne pas étendre à la personne de ces ascendants les effets du jugement qui prononce la nullité, ce serait en fait les encourager à se jouer de l'autorité des jugements après s'être joués des lois. En réalité il faut dire que, soit que le Code n'accorde l'action qu'à quelques-uns seulement, soit qu'il la refuse directement à quelques-uns, la solution doit être la même ; ceux qui se trouvent exclus, soit directement, soit implicitement, du droit d'agir doivent se soumettre au jugement rendu à la demande de ceux qui ont un droit d'action.

2° C'est surtout dans les rapports des époux avec les tiers avec lesquels ils ont été en relations contractuelles, soit avant, soit depuis la nullité prononcée, que l'effet relatif offrirait de graves inconvénients.

Supposons que la femme a contracté avec des tiers

depuis son mariage et qu'elle est devenue leur débitrice ; postérieurement, le mariage, entaché de nullité relative ou absolue, a été attaqué en justice par d'autres que par les créanciers, et un jugement l'a déclaré nul. La femme pourra-t-elle invoquer l'article 218 du Code civil et exciper de la nullité de ses engagements pour défaut d'autorisation du mari ou de justice ?

L'application rigoureuse du principe de l'art. 1351 conduirait à l'affirmative : les créanciers n'ont pas été parties au procès ; ils ne peuvent pas se prévaloir du jugement ; la femme doit donc être considérée comme mariée à leur égard, et comme telle, incapable de contracter sans autorisation. Cette solution peut s'admettre dans les cas de nullité absolue ; car les créanciers sont recevables à agir en nullité dans la mesure de leur intérêt (1), et n'auront qu'à renouveler le procès pour tenter de faire reconnaître à leur endroit la validité du mariage. Mais elle est fort injuste dans les cas de nullité relative où ils n'ont pas le droit d'agir. « Imposer aux créanciers l'obligation de provoquer et d'obtenir un nouveau jugement serait dans bien des cas, notamment dans l'hypothèse d'une nullité fondée sur un vice du consentement, les mettre

(1) On l'a contesté, parce que les créanciers ne sont pas compris dans l'énumération de l'article 187. Cette énumération énonciative n'empêche pas de comprendre les créanciers dans la formule générale de l'article 184.

dans l'impossibilité de défendre leurs droits et de sauvegarder leurs intérêts. Car la loi ne leur confère pas alors la faculté de poursuivre l'annulation du mariage ni par voie d'action, ni par voie d'exception (1) ».

A l'inverse, il faudrait admettre dans le système de l'effet relatif que l'époux mineur, qui de par le jugement prononçant la nullité perdrait le bénéfice de l'émancipation tacite qui résulte du mariage (2), pour retomber en tutelle et en puissance paternelle, n'en conserverait pas moins au regard des créanciers, non parties au procès, la capacité que le mariage lui avait conférée. Nous préférons la solution contraire (3), beaucoup plus équitable : le jugement sera opposable aux tiers, même lorsqu'ils n'y auront pas été parties. En tous cas, cet effet absolu du jugement doit être le but d'une réforme législative qui s'impose. Il est peu probable d'ailleurs que les rédacteurs du Code n'aient pas été frappés de la situation injuste faite d'une manière générale aux créanciers par le système de la relativité ; et il est loisible d'admettre sans trop de difficultés que dans leur esprit l'article 1351 ne s'appliquait sans réserve aux tiers que dans les cas de nullité absolue, où ils avaient le droit d'agir dans la

(1) De Loynes, *l. c.*

(2) Cf. en ce sens Demolombe, t. II, n° 187 ; Aubry et Rau, t. I, § 129 ; Laurent, t. V, n° 519.

(3) De Loynes, *l. c.*

mesure de leur intérêt ; que dans le cas de nullité relative de l'article 182, où les créanciers sont privés du droit d'agir en nullité, l'effet relatif du jugement ne pouvait s'appliquer aux tiers que distributivement, en ce sens qu'ils devaient considérer le mariage comme valable ou comme nul, selon que le mariage était valable ou nul au regard des personnes avec lesquelquelles ils étaient en rapports contractuels. Mais, n'est-ce pas encore bien compliqué en pratique (1) ?

D. — *Étude particulière de l'autorité de la chose jugée en matière de nullités de mariage à la requête du Ministère Public. — Conséquences qu'on en peut tirer en vue d'une théorie générale.*

L'impression générale qui se dégage de l'examen de toutes ces questions de nullité, c'est que l'effet relatif du jugement poussé à l'extrême entraîne à sa suite des conséquences désastreuses ; qu'une réforme législative dans le but d'étabir l'effet absolu est nécessaire ; enfin, qu'en attendant cette réforme, il faut tirer le meilleur parti de la législation actuelle, en s'inspirant de l'esprit et de l'opinion probables des rédacteurs du Code. Cette opinion, nous le pressen-

(1) Cette situation des tiers rappelle beaucoup celle que nous avons examinée en matière de désaveu, lorsque l'action a été intentée avec succès par certains des héritiers du mari, sans succès par les autres (Cf. plus haut section II, p. 72 et suiv.). On peut la considérer comme inextricable.

tons, devait incliner vers l'effet absolu, mais ne pourrions-nous pas l'affirmer en nous fondant sur certains articles ? En d'autres termes ne pourrions-nous pas nous apercevoir à certains signes que l'exception aux principes généraux de l'article 1351, que l'on ne saurait admettre dans l'état actuel des textes, était reconnue au fond en matière de mariage par les rédacteurs du Code ? La question a plus d'intérêt qu'on ne pourrait le croire au premier abord ; car, résolue dans le sens de l'affirmative, elle permettrait aux tribunaux, le cas échéant, de se prononcer en toute conscience pour l'effet absolu.

On a bien prétendu que les articles 201 et 202, d'après lesquels le mariage qui a été déclaré nul produit néanmoins des effets civils lorsqu'il a été contracté de bonne foi, laissent entendre que tout au contraire le mariage déclaré nul ne produit aucun effet lorsqu'il n'est pas putatif; on a ajouté que cet argument *a contrario* ne saurait être suspect, puisqu'il ramène au principe de droit commun : « ce qui est nul n'est pas susceptible d'effets ». Cet argument est faux ; sans doute le mariage nul n'est pas susceptible d'effets, *mais à l'égard de ceux qui ont été parties au procès en nullité.*

Les articles 201 et 202 ne prouvent donc rien en faveur de l'effet absolu ; ce qui prouve davantage à notre avis, c'est le sort du jugement rendu à la requête du ministère public ; si l'on parvient à faire reconnaître que, dans le Code, le jugement rendu à la requête du ministère public contre les deux époux doit jouir d'une autorité absolue, le principe de l'article 1351 sera fortement entamé : il n'y aura plus de raison de distinguer, quant à leur effet, les jugements statuant sur une nullité absolue à la requête du ministère public, ou sur la demande des personnes ayant un intérêt moral. Dès lors tout jugement intervenu à la suite d'une action en nullité pour cause de nullité absolue ayant le plus souvent autorité *erga omnes*, et, d'autre part, le jugement rendu dans le cas de l'article 180 jouissant de la même autorité, il serait peut-être permis de « généraliser l'exception au principe de l'article 1351 et de décider que les jugements qui annulent à l'égard des deux époux un mariage, pour quelque cause que ce soit, ont à l'égard des tiers l'autorité de la chose jugée (1) ».

Quelle est donc l'autorité du jugement rendu en matière de nullité de mariage à la requête du ministère public ? Ce jugement doit avoir à notre avis une autorité absolue ; s'il en était autrement (2), l'intervention du ministère public n'aurait plus de raison d'être. Quelle serait la signification de cette intervention, si l'on devait en limiter les effets à la personne des

(1) M. De Loynes (*l. c.*) pense qu'un texte serait nécessaire. Nous nous demandons si les textes relatifs au droit d'action du ministère public ne sont pas suffisants.

(2) En ce sens de Loynes, *l. c.*

époux? Comment le ministère public, agissant dans un but de morale et au nom de l'ordre social, viendrait-il remplacer une situation scandaleuse par une situation équivoque? du moment qu'il prend l'initiative d'une poursuite, c'est pour mettre fin à un état de choses illicite et immoral, et il n'aurait accompli que la moitié de sa tâche, s'il voyait restreindre aux parties en cause l'effet du jugement prononcé sur sa demande.

On a beaucoup discuté sur le sens exact des articles 184, 190 et 191 en ce qui concerne la mission du ministère public (1); d'après l'opinion presque unanime, les fameux mots *peut* et *doit* de l'article 190 indiquent que le ministère public est classé parmi les personnes autorisées à agir, mais qu'il est obligé de poursuivre quand l'ordre public l'exige. Le mot *peut* dans l'article 191 ne signifie pas davantage qu'il y ait pour lui une simple faculté (2); et en effet, si la clan-

(1) Article 184. « Tout mariage.... (suivent les cas de nullité absolue) peut être attaqué soit par les époux eux-mêmes, soit par tous ceux qui y ont intérêt, soit par le ministère public ». Article 190 : « Le procureur du roi, dans tous les cas auxquels s'applique l'article 184..., *peut* et *doit* demander la nullité du mariage *du vivant des deux époux* et les *faire condamner à se séparer*. » Article 191 : « Tout mariage qui n'a point été contracté publiquement et qui n'a point été célébré devant l'officier public compétent *peut* être attaqué par..... ainsi que par le ministère public. »

(2) Toutefois quelques auteurs estiment que l'intervention du ministère public est toujours facultative (Demolombe, t. III, n°311). Le mot *doit* de l'article 190 se rapporterait d'après eux aux mots *du vivant des époux*, et viserait uniquement l'obligation pour le

destinité comporte des degrés, le défaut d'un officier public compétent n'en comporte pas. Le mot *peut* range donc encore dans l'article 191 le ministère public parmi les personnes autorisées à agir ; il n'en doit pas moins agir, s'il estime que le maintien du mariage est susceptible d'occasionner un scandale, ce qui sera de nature à se présenter plus rarement, nous l'avouons, qu'au cas de bigamie ou d'inceste. Si donc le ministère public est le plus souvent obligé à agir, on comprendrait difficilement qu'on l'arrêtât à moitié chemin dans son action.

On a cependant soutenu que l'effet du jugement prononçant la nullité d'un mariage pour cause de bigamie, par exemple, à la requête du ministère public, était limité aux rapports des époux et du ministère public. Il a même été jugé par la Cour suprême qu'en cas d'annulation d'un mariage sur les poursuites du ministère public, les enfants nés du mariage devaient être appelés à l'instance. Mais s'il est vrai de dire que les deux époux doivent être mis en cause, et si l'on peut argumenter en ce sens des mots : « ..... et les faire condamner à se séparer » contenus dans l'article 190 (1), l'exigence de la chambre criminelle de la Cour de cassation nous semble trop rigoureuse et en

ministère public de n'agir que du vivant des époux, c'est-à-dire tant que le scandale dure, mais pas au-delà.

(1) Cet argument de l'article 190 n'est déjà pas très probant et l'on y a attaché une importance beaucoup trop considérable.

dehors de la loi même, lorsqu'elle oblige à appeler les enfants au procès (1). Dans l'espèce, il s'agissait d'un arrêt de cour d'assises, qui, à la suite de la condamnation d'un bigame, avait prononcé à la requête du ministère public la nullité du mariage et ordonné la transcription du jugement en marge de l'acte de mariage. Le second conjoint du bigame n'avait pas été mis en cause, non plus que les enfants du mariage dont la nullité était demandée. La Cour de cassation annula cette décision en déclarant que le second conjoint aurait dû être appelé au procès, ce qui serait exact d'après la grande majorité des auteurs, et en ajoutant dans un de ses motifs : « ..... que dans le cas où il existerait des enfants du mariage dont la nullité est demandée, ils doivent être également appelés dans l'instance pour la conservation des intérêts que peut produire à leur égard le mariage annulé ». Sans doute, c'est une excellente mesure de mettre en cause ces enfants ; mais où est le texte qui y oblige ? et s'il est nécessaire et conforme à l'esprit comme au texte de la loi de diriger l'action en nullité contre les deux époux, si l'article 190 a été réellement écrit pour exprimer cette condition, son silence à l'égard des enfants du mariage attaqué n'est-il pas significatif (2)? De cet arrêt nous retenons du moins ce point

(1) Cass., 30 mai 1846, cité sous l'arrêt du 14 juin 1890 (D. 91, 2, 153).

(2) Tel est l'avis de M. de Loynes, *l. c.*

important que par là même qu'elle exige la présence des enfants au procès « *pour la conservation de leurs intérêts* », la Cour de cassation se prononce en faveur de notre thèse de l'effet absolu du jugement rendu sur requête du ministère public ; n'est-ce pas dire en effet que le jugement est opposable à ceux-là même qui n'ont pas été parties à l'instance ?

Entre ces deux systèmes tout opposés de l'effet relatif et de l'effet absolu du jugement rendu sur requête du ministère public, certains auteurs se sont crus autorisés à en soutenir un troisième, et, s'inspirant des règles d'une législation toute spéciale, ils ont prétendu qu'il y avait lieu de distinguer entre les jugements qui prononcent la nullité, et ceux qui rejettent la demande du ministère public. L'idée de cette distinction a été puisée dans la loi du 5 juillet 1844 relative aux brevets d'invention. L'article 37 de cette loi est le seul texte qui contienne une exception formelle au principe de la relativité de la chose jugée, mais cette exception même est très limitée, comme si le législateur s'était pris à regretter de l'avoir admise. Aux termes de cet article : « dans une instance tendant à faire prononcer la nullité ou la déchéance d'un brevet, le ministère public pourra se rendre partie intervenante, et prendre des réquisitions pour faire prononcer la nullité ou la déchéance *absolue* du brevet. Il pourra même se pourvoir directement par action principale pour faire prononcer la nullité (dans certains cas) ». Ainsi donc, lorsque le ministère public intervient ou se porte partie principale dans certains cas pour requérir l'infirmation d'un brevet, il y a lieu de considérer l'annulation du brevet comme absolue, c'est-à-dire comme ayant été déclarée au profit de tous intéressés. Mais inversement, le jugement qui repousse la demande en nullité ou déchéance intentée par le ministère public n'a pas autorité de chose jugée *erga omnes*. M. Griolet explique cette différence dans les effets du jugement par cette raison que l'autorité absolue est, au cas de nullité reconnue, « une dérogation au principe de l'article 1351, en faveur de l'industrie qu'on venait de restreindre par l'institution des brevets (1) ». On a voulu que les brevets pussent être annulés *erga omnes*, sans obliger tous les intéressés à poursuivre la nullité. C'est pour la même raison, et toujours dans l'intérêt de l'industrie, que, d'après cet auteur, le jugement rendu dans les mêmes conditions, mais déclarant un brevet valable, ne jouit que d'une autorité relative. En réalité, c'est une injustice (2). Ainsi donc, si le bre-

(1) Griolet, *Chose jugée*, p. 139.

(2) Aussi ce système fut-il très attaqué lors des travaux préparatoires. Cf. Dalloz, V° *Brevet d'invention*, n° 273. — Rien de plus étrange au reste que les conséquences de cette législation de 1844 quant à la chose jugée. Dans le cas de l'article 34 (jugement rendu à la requête d'un intéressé devant le tribunal civil), il y a chose jugée *inter partes*. Dans celui de l'article 43 qui nous occupe, il y a chose jugée, tantôt *erga omnes*, tantôt *inter partes*. Enfin dans le

veté succombe, il y aura chose jugée *erga omnes*, et ne sera plus breveté pour personne ; s'il triomphe, il ne conservera son brevet qu'à l'égard de son adversaire, il ne sera pas breveté à l'égard de tout le monde !

Quoiqu'il en soit, c'est ce système que l'on prétendrait appliquer aux jugements rendus sur la requête du ministère public en matière de nullités de mariage. Prononçant la nullité, ils vaudraient envers et contre tous ; rejetant la demande, ils n'auraient qu'un effet relatif, et n'empêcheraient pas pour l'avenir le premier intéressé venu de remettre en question la validité du mariage. Nous repoussons cette distinction, qui a néanmoins une certaine valeur : on conçoit fort bien que le jugement qui met fin à un état de fait scandaleux s'impose à tous, alors que celui qui, rejetant la demande, peut-être faute de preuves suffisantes, risque de prolonger cet état, n'aura qu'un effet limité à la partie repoussée et laissera intacts les droits des intéressés qui, mieux armés, finiront par faire triompher le bon droit (1). Mais cette conception n'est admissible qu'à condition de s'appuyer sur un texte, et ce n'est certes pas un texte d'exception, destiné à réglementer une institution toute spéciale,

cas de l'article 46 (nullité ou déchéance invoquée par voie d'exception devant le tribunal correctionnel, et reconnue par ce tribunal), il n'y a rien de jugé même *inter partes* en dehors du procès dont le tribunal correctionnel est saisi (Cf. *suprà*, chap. Ier, p. 28).

(1) Disons toutefois qu'un tel système offrirait l'inconvénient de perpétuer les contestations.

et appartenant à une loi étrangère au Code civil, qui peut constituer une base bien solide. Nous maintenons donc, même dans le cas de rejet de la demande, notre système de l'effet absolu, qui repose sur la mission même du ministère public, sur sa qualité de défenseur du bon ordre, et qui peut s'autoriser de l'esprit de certains textes, comme l'article 190.

D'après l'opinion presque unanime, ce dernier article suppose que les époux sont présents à l'instance; l'article 198, dans une espèce très particulière, va même plus loin, et décide à notre avis que dans l'hypothèse qu'il prévoit le jugement rendu sur les poursuites du ministère public, *même en l'absence des parties intéressées*, a force de chose jugée *erga omnes*; c'est ce que nous allons essayer d'établir, car la question est très controversée (1).

On sait que par suite d'une grave dérogation au droit commun, qui refuse au ministère public l'exercice des actions civiles, l'action en rétablissement de la preuve du mariage lui est accordée incidemment à l'action publique, lorsque la preuve de la célébration légale de ce mariage se trouve acquise par le résultat d'une procédure criminelle (art. 198 et 199). Un officier de l'état civil est condamné par la Cour d'assises pour lacération d'un acte de mariage (art. 173

(1) L'article 198 du Code civil est une mine de controverses, que nous n'avons pas à aborder ici ; nous ne ferons le commentaire de cet article que dans les limites de notre sujet.

Pén.) ou par le tribunal correctionnel pour inscription d'un acte de mariage sur une feuille volante (art. 192 Pén.) : comme tout intéressé, le ministère public est autorisé à requérir du tribunal correctionnel qui acquiert la preuve de la célébration légale du mariage, la constatation du fait de cette célébration, et le rétablissement de la preuve du mariage par l'inscription du jugement sur le registre des actes de l'état civil. Cette dérogation s'explique par l'intérêt de la société tout entière, intérêt encore plus digne de considération que de simples intérêts pécuniaires. Après la mort de l'officier de l'état civil, l'action publique une fois éteinte, le ministère public est tenu, en vertu d'une nouvelle dérogation, et dans le but de diminuer les chances d'une collusion entre les parties, de diriger l'action en rétablissement de la preuve du mariage en présence des parties intéressées et sur leur dénonciation (art. 200 Civ.).

D'après les termes de l'article 198 : « L'inscription du jugement sur les registres de l'état civil, assure au mariage à compter du jour de sa célébration tous les effets civils tant à l'égard des époux qu'à l'égard des enfants issus de ce mariage (1) ». Mais la preuve résultant du jugement pourra-t-elle être invoquée par

(1) La loi aurait voulu prévenir un doute en déclarant que l'effet du mariage valablement contracté n'est pas subordonné à l'existence actuelle de l'acte sur les registres ; en ce sens, Demante et Colmet de Santerre, t. I, § 280 *bis*, 5°, p. 392.

tous les intéressés et contre toute personne? ou sera-t-elle limitée aux personnes qui ont figuré à l'instance, conformément aux principes du droit commun? Dans un premier système, on soutient que l'article 1351 s'applique de la manière la plus rigoureuse. Un second système distingue selon que l'action en rétablissement de la preuve du mariage a été portée devant le tribunal civil, ou devant le tribunal criminel incidemment à l'action publique : dans le premier cas, il faudrait appliquer le principe de l'article 1351 ; dans le second, l'effet du jugement serait absolu. Cette distinction serait assez rationnelle, si l'on était en droit d'assurer que dans le cas prévu l'action civile peut être portée conformément au droit commun devant le tribunal civil ; mais cela est fort douteux, si l'on s'en tient à la rédaction de l'article 198. Nous nous rallions donc au troisième système, qui soutient que l'effet du jugement est absolu. La question se rattache en effet, à celle de l'influence de la chose jugée au criminel sur le civil (1). On ne doit pas remettre en question devant les tribunaux civils, ce qui a été jugé

(1) On sait que, sur cette question célèbre, le système de la non-influence (Toullier, t. X, n° 30, n° 240 et s. — Hélie, t. III, p. 774 et suiv.) a fait place depuis longtemps au système de l'influence absolue du criminel sur le civil (Merlin, *Questions de droit*, V° *faux*, § 6, *Rép.*, V° *chose jugée*, § 15). Un système mixte, distinguant entre les jugements de condamnation et d'acquittement, a été soutenu par Lagrange, *Revue critique*, janvier 1876, tome VIII ; beaucoup d'auteurs s'y sont ralliés depuis. Cf. sur ce point Bonnier, n°s 209 et suiv. ; Aubry et Rau, t. VIII, § 769, p. 405 et suiv.

par les tribunaux criminels ; c'est un principe généralement reconnu aujourd'hui, et dont l'article 463 du Code d'instruction criminelle a fait une application fameuse. Aussi l'effet absolu, après avoir été nié par tous ceux qui autrefois n'admettaient point que l'influence des jugements criminels fût opposable aux tiers (1), est à l'inverse énergiquement soutenu à l'heure actuelle par tous ceux qui pensent avec raison que la décision des tribunaux de répression ne peut être remise en question devant les tribunaux civils (2). D'ailleurs, il semble bien « que le but de la loi en réunissant les époux et les enfants a dû être uniquement d'indiquer que la faveur de notre article n'est pas comme celle de l'article précédent (art. 197) bornée aux seuls enfants ; mais, dès qu'on a entendu l'appliquer aux époux,... il n'y a aucune raison pour traiter plus rigoureusement leurs héritiers ou ayants cause (3) ». C'est précisément pour assurer sans nouvelle procédure l'effet du jugement à l'égard des tiers que l'article 198 a été écrit. L'utilité de l'inscription n'existe en réalité que pour eux, puisque les person-

(1) Valette, *liv. I du Code Napoléon*, p. 114 ; Demolombe, t. III, n° 419.

(2) En effet il s'agit moins ici d'une décision sur une question de droit civil rendue par les tribunaux de répression (Cf. chap. 1er, p. 27 et suiv.) que d'une condamnation à la suite de laquelle la culpabilité ne saurait être remise en question par les tribunaux civils, non plus que les faits qui ont motivé la condamnation.

(3) Demante et Colmet de Santerre, t. I, n° 280 *bis* V, p. 792.

nes qui ont été parties au procès peuvent obtenir une expédition du jugement (1).

Nous croyons même, allant beaucoup plus loin, que le jugement a force de chose jugée *erga omnes* alors qu'il a été rendu sur les poursuites du ministère public, même en l'absence des parties intéressées, même en l'absence des époux et des enfants (2). Ce n'est pas que nous attachions grande importance à l'idée d'un ministère public représentant la société tout entière ; mais l'article 198 ne fait aucune distinction et ne subordonne pas l'effet de la chose jugée à cette circonstance que les époux et les enfants auront été parties au procès criminel. On objecte, il est vrai, que deux individus pourraient ainsi se trouver mariés malgré eux, à leur insu, et pour ainsi dire d'office, par les tribunaux criminels ; mais cette objection ne porte pas, car les personnes que le jugement indique comme époux ne sont pas privées du droit de faire valoir contre le mariage les causes de nullité qui pourraient exister (3). « Il ne s'agit là que du rétablissement en quelque sorte matériel, à l'aide d'un équivalent, d'un certain document, sans que les circonstances à la suite desquelles ce rétablissement a eu lieu, puissent don-

(1) Baudry-Lacantinerie, t. I, § 579.

(2) En ce sens, Valette sur Proudhon, t. II, p. 106, obs. 2 ; Aubry et Rau, t. V, § 452 *bis*, n. 40 ; De Loynes, *l. c.* — *Contrà,* Demolombe, t. III, n° 419.

(3) En ce sens, Aubry et Rau, *l. c.*

ner au document rétabli une force probante autre que celle qu'il avait auparavant (1) ».

Des articles 184, 190, 198, il résulte donc d'après tous ces développements que le jugement rendu à la requête du ministère public vaut *erga omnes*, à condition d'avoir été rendu contre les époux, — du moins dans l'opinion de la grande majorité des auteurs, — dans le cas de nullité absolue ; et même en l'absence des parties intéressées, lorsqu'il s'agit de l'action en rétablissement de la preuve de la célébration d'un mariage.

Mais si le jugement prononçant ou rejetant la nullité sur requête du ministère public jouit d'un effet absolu, pourquoi un jugement rendu dans des circonstances analogues sur la demande d'un parent qui a un intérêt moral à faire prononcer la nullité du mariage ne jouirait-il que d'un effet relatif ? Nous l'avons déjà dit : si le jugement rendu à la requête du ministère public a des effets si étendus, ce n'est pas parce que le ministère public représente la société, mais

(1) Huc, *Commentaire théorique et pratique du Code civil*, t. II, p. 205. M. Huc enseigne d'ailleurs, en poussant cette idée à l'extrême, que « les principes de la chose jugée ne sont intéressés en aucune façon dans la question », sauf sur le point de savoir si tel individu a réellement détruit, altéré ou falsifié un acte de l'état civil de telle commune, établissant le mariage célébré entre telles personnes.

bien parce qu'il agit comme représentant du bon ordre et de la morale publique ; dès lors, pourquoi refuser une pareille autorité à un jugement rendu à la demande de ceux qui font valoir des intérêts individuels sans doute, mais également moraux ? Ce serait un défaut de logique qu'on ne saurait imputer aux rédacteurs du Code.

Nous arrivons donc à la fin de cette étude aux résultats suivants : en matière de nullités de mariage, dans la pensée des rédacteurs du Code, jouissent d'une autorité absolue : 1° Les jugements rendus dans le cas de demande en nullité fondée sur les vices du consentement des époux (art. 180) ; 2° Les jugements rendus dans tous les cas de nullité absolue à la requête, soit du ministère public, soit des personnes intéressées moralement à la nullité du mariage. Resteraient donc soumis au principe de l'article 1351 : 1° les jugements rendus à la suite de demandes en nullité relative, fondées sur le défaut de consentement des ascendants ; (art. 182) ; 2° Les jugements rendus dans les cas de nullité absolue à la requête de personnes n'ayant qu'un intérêt pécuniaire, comme les créanciers, et qui demandent la nullité du mariage dans les limites de leur intérêt.

Serait-on en droit de généraliser ? Actuellement il nous semble que ce serait dépasser la mesure (1) :

(1) Il est vrai que l'article 184 met sur la même ligne « soit les

l'action d'un créancier, par exemple, n'est pas fondée sur des intérêts aussi pressants que celle d'un ascendant ; mais peut-on en dire autant de l'action d'un collatéral, bien qu'en général on considère qu'il n'est autorisé à agir qu'en raison d'un intérêt pécuniaire ?

Et d'autre part, comment un jugement qui annule un mariage entaché de nullité absolue n'aurait-il pas d'une manière générale la même autorité que le jugement d'annulation fondé sur un simple vice de consentement (1) ?

Quoi qu'il en soit, et quelle que soit la valeur de toutes ces raisons, elles ne peuvent autoriser à aller jusqu'au bout dans la voie d'une généralisation où les premiers pas peuvent paraître déjà bien hardis. Cette voie que les textes nous ferment actuellement en partie, c'est au législateur de l'avenir qu'il appartient de l'ouvrir complètement dans l'intérêt de chacun et de tous, dans l'intérêt des individus, de la famille et de la société.

époux eux-mêmes, soit tous ceux qui y ont intérêt, soit le ministère public », mais seulement pour les autoriser à agir et sans envisager les effets de l'action et du jugement.

(1) En ce sens, de Loynes, *l. c.*

CHAPITRE IV

RÉFORMES LÉGISLATIVES NÉCESSAIRES. — SOLUTIONS DU CODE CIVIL ESPAGNOL ET DU PROJET DE CODE CIVIL POUR L'EMPIRE D'ALLEMAGNE. — CONCLUSION.

Après avoir passé en revue les diverses applications du principe de l'article 1351 dans les différentes questions concernant l'état des personnes, nous n'avons plus à en démontrer les inconvénients pratiques ; mais il nous reste à choisir, si notre choix n'est pas fixé d'avance, entre deux partis opposés, et nous devons déterminer l'objet, l'étendue et les limites des réformes que nous prétendons nécessaires, en prenant pour guides les règles les plus conformes à la raison et à l'intérêt social, et en nous inspirant des solutions adoptées ou projetées à l'étranger.

« Il faut une solution quelconque (1) », s'écrie Laurent sous l'article 307 de son Avant-projet de révision du Code civil belge. — Sans doute, mais encore faut-il que cette solution soit réfléchie et n'accuse pas cette hâte fiévreuse, qui a fait prononcer le savant jurisconsulte belge en faveur du maintien et de la consé-

(1) Laurent, *Avant-projet de révision du Code civil belge*, t. II, p. 104.

cration légale de la relativité en matière d'état : « Les jugements concernant l'état, dit l'article 307, sont soumis aux principes qui régissent les effets de la chose jugée ». Et l'exposé des motifs ajoute : « Cette disposition nouvelle tranche les controverses interminables, qui s'élèvent sur l'effet des jugements concernant l'état. *Il faut une décision quelconque* ; celle que je propose applique à l'état des principes qui régissent les effets de la chose jugée. Je suis en cela les auteurs du Code Napoléon... (Suit l'argument de l'art. 100 du C. c., art. 101 de l'avant-projet)... Y a-t-il lieu de déroger en matière d'état au principe fondamental de notre droit ? On prétend que le jugement rendu avec le contradicteur légitime doit avoir effet à l'égard des tiers. Peut-on introduire dans la loi une exception au droit commun, sans la préciser ? Ce serait permettre au juge de déroger aux effets de la chose jugée sans règle aucune par des décisions arbitraires. Cela est inadmissible... On dira que l'application du droit commun n'est pas non plus sans difficultés. Non certes, mais ce n'est pas une raison pour y déroger (1) ». La place que l'article 307 occupe dans l'Avant-projet, et la solution qu'il contient, sont de nouveaux témoignages de la façon étroite dont presque tous les auteurs ont envisagé la question : c'est à propos de la réclamation d'état, c'est-à-dire de la filiation, unique objectif des auteurs, que l'article 307 consacre légis-

(1) Laurent, *ibid.*

lativement l'application du principe de l'article 1380. Quant à l'article 1380 lui-même, celui qui, correspondant à l'article 1351 de notre Code, devrait être le siège même de la matière, il conserve le silence sur ce point dans son texte comme dans ses motifs.

D'autre part, quel système Laurent oppose-t-il à celui de l'effet relatif ? la théorie du légitime contradicteur, dont le nom seul suffit à l'éloigner de toute solution, qui aurait pour point de départ l'effet absolu du jugement. Il n'y a donc pas d'effet absolu possible sans qu'on en revienne au légitime contradicteur ! Malgré la grande autorité de Laurent, nous ne craignons pas de dire que ce n'est pas par des mots que l'on tranche des questions de réformes législatives. Ce qui importe tout d'abord, c'est de se débarrasser des préjugés pour établir la règle la plus conforme à la raison ; on la met ensuite en pratique en s'écartant le moins possible de l'équité, et en évitant par dessus tout une application intransigeante, qui compromettrait la valeur du principe même que l'on veut consacrer. Or, vouloir appliquer à tout prix l'article 1351 en matière d'état, c'est user de ce procédé intransigeant à la fois et dangereux ; car c'est ne pas tenir compte, sous prétexte que personne ne doit être condamné sans être entendu, d'intérêts qui doivent être également chers au législateur, comme celui de l'unité dans la famille, et, si nous pouvons nous exprimer ainsi, de l'unité dans l'individu.

Nous savons bien qu'on a pris la défense du système de l'effet relatif, dont les inconvénients auraient été très exagérés ; nous n'ignorons pas qu'on a dit que presque toujours la question d'état, une fois jugée, ne sera pas soulevée à l'avenir, et qu'au cas contraire, dès la seconde décision, il se formera à défaut de chose jugée « une sorte de jurisprudence qu'on méconnaîtrait désormais en vain et qu'on ne méconnaîtra plus » (1). Mais, au cas même où la question d'état ne serait plus soulevée, n'est-ce pas déjà trop que l'incertitude de l'état, dont l'unité n'est pas complète par cela seul qu'elle est exposée à être discutée un jour ou l'autre ?

Ce sont ces fâcheux résultats de la division dans l'état des personnes qui avaient échappé à la sagacité de Laurent, lorsqu'il disait ailleurs (2) : « Il y a des inconvénients sans doute à ce que l'état de la même personne puisse être l'objet de nombreuses contestations, si toutes les parties intéressées n'ont pas été mises en cause, mais ces inconvénients tiennent à la nature des jugements ; mieux vaut les accepter que de donner effet aux jugements à l'égard de ceux qui n'ont pas été parties au procès ; ce serait une injustice ». Une telle appréciation prouve bien que le jurisconsulte n'apercevait que les dangers matériels du

(1) Demolombe, t. V, p. 299.

(2) Laurent, *Principes de droit civil*, t. III, n° 492 *in fine*.

renouvellement des contestations, sans en bien peser les dangers juridiques. M. Griolet, se plaçant à un autre point de vue, se prononce également pour le *statu quo*, sous prétexte que « les hypothèses dans lesquelles ces dernières difficultés se présenteraient sont tout à fait extraordinaires. On n'en pourrait citer aucun exemple. En vue d'hypothèses presque chimériques on écarterait un principe qui seul protège efficacement les intérêts de tous (1) ». Mais ces hypothèses peuvent très bien se présenter : la preuve en est que c'est après plus de quatre-vingts ans seulement que les tribunaux ont eu à juger une difficulté de ce genre soulevée par la nullité d'un mariage (2) ; et dès les premières années du siècle les mêmes questions s'étaient déjà élevées fréquemment dans des procès relatifs à la filiation. Aussi partageons-nous l'opinion de Demolombe, et pensons-nous que « sans admettre la théorie de l'indivisibilité de l'état des personnes ni de la représentation légitime... il serait convenable et utile d'organiser une doctrine spéciale (3) ».

Nous avons vu plus haut que M. de Loynes n'est

(1) Griolet, p. 138 et suiv. M. Griolet objecte aussi les difficultés de réglementation de l'effet absolu que nous examinerons plus loin.

(2) Cf. plus haut l'arrêt de la Cour d'Agen du 14 juin 1890 (chap. III, section III, § 3).

(3) Demolombe, t. V, nº 321 ; Dans le même sens, Charmont, *Revue critique*, 1892, p. 69.

pas loin de croire que cette doctrine spéciale puisse se construire dans l'état actuel des textes, et qu'il est assez partisan d'un système qui n'appliquerait l'article 1351 que si une disposition formelle l'ordonnait : « cette théorie, dit-il, donnerait satisfaction aux regrets exprimés par Demolombe, en faisant sortir de notre Code une réglementation que l'éminent auteur regrette de ne pas y trouver (1) ». Nous avons déjà répondu que, si utile qu'elle puisse être, on n'est pas en droit de l'établir dans l'état actuel des textes, où aucune matière de notre droit n'échappe en principe à l'article 1351. Sans doute il y a des exceptions sous-entendues, et qu'il est permis à la rigueur de lire entre les lignes, pour permettre à la jurisprudence de tourner la règle au moins dans certains cas, en attendant la réforme ; mais il y a peut-être déjà une grande hardiesse à les admettre, comme nous l'avons fait pour les nullités de mariage. Ce n'est pas dans le Code qu'il faut chercher la doctrine spéciale que Demolombe réclame, c'est à côté du Code qu'il faut la créer par la voie législative.

Cette œuvre législative est déjà un fait accompli dans plusieurs pays étrangers ; c'est ainsi que le Code civil du royaume des Pays-Bas décide dans un article 1957 : « que les jugements relatifs à l'état des per-

(1) Cf. de Loynes, *l. c.*, et aussi, plus haut, le début du chapitre III.

sonnes, rendus contre celui qui légalement avait qualité pour contester la demande sont opposables aux tiers (1) ». Mais c'est retomber dans les difficultés de trouver et de désigner des légitimes contradicteurs. Le Code civil espagnol (art. 1252, al. 2) dit à peu près de même : « dans les questions relatives à l'état civil (et à la validité ou à la nullité des dispositions testamentaires), la présomption de chose jugée est opposable aux tiers, même s'ils n'étaient pas parties au débat (2). Seulement la loi espagnole néglige de réglementer les conditions de cet effet absolu. Enfin le projet de Code civil allemand, plus explicite, mérite de nous arrêter plus longtemps (3).

Le système du projet de Code civil allemand présente deux caractères bien marqués : en premier lieu,

(1) Cf. Tripels, *Les codes néerlandais*, p. 308, Paris. Rousseau, 1886. — Pourtant l'article 72 décide que le jugement de rectification « n'aura l'autorité de la chose jugée qu'entre les parties qui l'ont provoqué ou qui ont été mises en cause ». Il est donc permis de croire que dans notre Code civil l'article 100 ne s'opposerait pas complètement à l'effet absolu du jugement en matière d'état des personnes. — L'article 153 contient cette disposition importante : « La nullité d'un mariage ne peut nuire aux droits des tiers qui ont contracté de bonne foi avec les époux », qui est comme la contre-partie du mariage putatif. Nous retrouverons dans le Code civil allemand une disposition semblable, aussi n'y insistons-nous pas ici.

(2) Cf. Levé, *Code civil espagnol*, 1890.

(3) Cf. l'étude de M. C. Bufnoir sur le *Droit de famille dans le projet de Code civil pour l'Empire d'Allemagne* (*Bulletin de la Société de législation comparée*, t. 19, 1889-90, p. 678 et suiv.).

il ne se borne pas à donner une solution d'ensemble, mais il s'attache à l'examen de la question dans les différentes matières, comme le mariage et la filiation ; en outre, il est intimement lié soit au Code de procédure actuel (1), soit aux dispositions nouvelles qu'il est question d'y introduire. Il a même avec la procédure des rapports si étroits qu'on a émis l'opinion qu'il conviendrait peut-être de le transporter dans le Code de procédure même (2).

Le projet adopte d'une manière générale dans son article 192 le principe de l'effet relatif de la chose jugée ; l'autorité du jugement est limitée aux parties et à leurs ayants cause. A ce principe les articles 1256, 1269, 1271, 1477 et 1632 apportent des exceptions en matière de mariage et de filiation.

Mariage. — Comme notre Code civil, le projet distingue le mariage nul et le mariage annulable (articles 1250-1271), qui donnent lieu, le premier à une action en nullité (*Nichtigkeitsklage bei Eheungültigkeit*), le second à une action en annulation (*Anfechtungsklage bei Eheungültigheit*) ; l'effet du jugement rendu à la suite de ces deux actions est identique

(1) *Code de Procédure de l'Empire d'Allemagne du* 30 *janvier* 1877, traduit par MM. Glasson, Lederlin et Dareste, dans la *Collection des principaux Codes étrangers*. Cf. aussi l'édition officielle des *Justizgesetze für das deutsche Reich*, Strasbourg, 1879.

(2) Cf. Bekker, *Beitræge zur Erlaüterung und Beurtheilung des Entwurfs eines bürgerlichen Gesetzbuches für das deutsche Reich*, 6e fascicule, p. 51.

(art. 1256, 1269 et 1271) : « Le jugement rendu sur une action en nullité (art. 1256) et en annulation (art. 1269), et passé en force de chose jugée *du vivant des deux époux*, a autorité envers et contre tous ». En cas de bigamie, l'article 1256 ajoute : « Pourtant, lorsque le débat porte sur la question de savoir si le mariage n'a pas été contracté contrairement aux dispositions de l'article 1234, le jugement n'a pas autorité de chose jugée à l'égard de la personne avec laquelle le premier mariage aurait été contracté, en tant que celle-ci n'aurait pas pris part au procès ». De ces textes il résulte que du vivant des époux seulement l'effet du jugement est absolu, à condition toutefois, dans le cas particulier de bigamie, que le conjoint du premier mariage ait été mis en cause ; si cette précaution n'était pas prise, il n'y aurait pas chose jugée à son endroit. Après le décès des époux au contraire, la règle de l'article 192 reprend son empire : « Alors tout intéressé peut se prévaloir de la nullité dans la mesure de son intérêt ; seulement la décision qui intervient n'a de valeur et d'effet qu'au point de vue de l'intérêt particulier qui était en jeu (1) ». C'était déjà sur cette idée de l'effet absolu du jugement qu'était déjà fondée la disposition de l'article 588 du Code de procédure civile (2) : « tant que les époux sont vivants, la

(1) Cf. l'étude de M. Bufnoir, *l. c.*, p. 682.
(2) Voir les *Motifs* sous l'art. 1256, t. IV, p. 62 et suiv.

nullité de leur mariage basée sur un motif de nature à pouvoir être proposé d'office ne peut être prononcée que sur une demande en nullité » (*Nichtigkeitsklage*). Mais d'où provient la différence d'effet entre les jugements rendus du vivant et après le décès des époux, et pourquoi le jugement qui n'est pas passé en force de chose jugée du vivant des deux époux ne jouit-il pas d'un effet absolu ? Cela tient à des dispositions de procédure, dont il est nécessaire de donner une notion générale. L'action en nullité de mariage fait l'objet d'un règlement général dans le Code de procédure allemand ; la première section du livre II est consacrée tout entière à la procédure des affaires matrimoniales ; or, à l'article 584 de ce Code, la loi sur la mise en vigueur du Code civil allemand ajoute un alinéa ainsi conçu : « Si l'un des époux meurt avant que le jugement soit passé en force de chose jugée, l'on doit considérer le procès comme terminé (*erledigt*) au point de vue de son objet principal (*Hauptsache*) (1) ». Avec la mort des époux en effet cesse le rapport juridique qui était l'objet principal de la contestation. Dès lors, disent les motifs (2), le mariage ne peut pas plus

(1) En droit, la distinction est bien voisine de celle que nous avons établie plus haut entre les jugements rendus à la demande d'intéressés moralement d'une part, et d'intéressés pécuniairement d'autre part. (Cf. plus haut, ch. III, sect. III, § 3, D.) L'intérêt moral est en réalité l'*Hauptsache* du procès en nullité. Voyez aussi plus bas p. 153, n. 1.

(2) *Motifs*, t. IV, p. 62 et suiv.

être reconnu non valable qu'on ne peut le dissoudre. Les contestations qui peuvent s'élever alors ne sont que des contre-coups, des conséquences indirectes du mariage, c'est-à-dire des questions de patrimoine, plutôt que des questions d'état, qui ne peuvent pas faire l'objet d'un procès matrimonial, mais d'un procès spécial pour lequel la procédure particulière des affaires matrimoniales n'a pas été établie : le jugement ne jouit donc plus de l'effet absolu, parce que les garanties dont sont entourées les demandes en nullité de mariage ne sont pas applicables à ces sortes de procès.

Au reste, les articles 1256 et 1269 ne considèrent pas seulement le cas où le jugement prononce la nullité ; car les motifs étendent cette solution aux jugements qui rejettent la demande, en se fondant sur l'indivisibilité de l'état et sur l'intérêt de l'ordre public, et en s'en rapportant aux solutions données sur ce point par la doctrine du droit commun allemand et par les dispositions expresses du Code civil saxon (1).

Quant aux tiers qui n'ont pas pris part au procès en nullité, leurs droits sont suffisamment sauvegardés par la procédure spéciale des affaires matrimoniales, notamment par le concours du ministère public (art. 569, C. P. O.) (2). D'ailleurs le mariage nul, dont

(1) Cf. *Motifs*, t. IV, p. 62 et suiv., p. 101 et suiv.

(2) Article 569, *C. P. O.* « Dans les affaires matrimoniales, le concours (*Mitwirkung*) du ministère public est admis... Il pourra émettre son avis sur la décision à rendre, et dans le cas où il s'a-

la nullité n'est pas fondée sur un vice de forme dans la célébration, doit être considéré comme valable à l'égard des tiers de bonne foi qui ont contracté avec les époux avant que le mariage fût reconnu nul, et dans l'ignorance des causes de nullité (art. 1258).

Cette disposition leur est même plus favorable que le simple effet relatif du jugement qui ne les aurait pas dispensés d'user des voies de recours pour faire tomber le jugement et les aurait exposés aux chances d'un procès ; l'effet absolu leur demeure étranger, et leurs droits sont entièrement réservés.

Filiation. — Les articles 1477, 1478 et 1632 du projet examinent la question de la chose jugée d'une part dans les procès en désaveu de paternité, et d'autre part dans tous les autres procès tendant à la réclamation ou à la contestation de rapports de filiation. « Le jugement rendu sur une action en désaveu de paternité et passé en force de chose jugée du vivant du mari et de l'enfant a autorité envers et contre tous (art. 1477) ».

Le même effet est attribué par l'article 1478 au jugement rendu sur une action en annulation de la reconnaissance (*Anfechtung der Anerkennung*) que le mari contesterait après avoir reconnu l'enfant pour sien (art. 1478).

git du maintien du mariage présenter de nouveaux faits et moyens de preuve ». (*Justizgesetze*, éd. off., p. 225).

D'autre part la loi d'introduction du Code civil ajoute à l'article 627 du Code de procédure civile un alinéa contenant une disposition analogue à celle de l'article 584 pour le mariage : si une des parties meurt avant que le jugement soit passé en force de chose jugée, on considère le procès comme terminé au point de vue de son objet principal (la question de paternité).

On est en droit de conclure de ces textes que si le mari meurt sans avoir perdu le droit d'agir, le jugement rendu sur l'action de ses héritiers (art. 1471) n'aura qu'un effet relatif (1).

L'article 1632, qui compose à lui seul dans la section II « des rapports de parenté », le titre VIII : « constatation des rapports de famille », établit encore la même règle : « lorsqu'une demande en constatation de l'existence ou de la non-existence d'un rapport de filiation entre les parties... est introduite, le jugement rendu et passé en force de chose jugée du vivant des parties vaut envers et contre tous ». Mais l'article 1632 ajoute une restriction analogue à celle de l'article 1256 pour la bigamie : « Toutefois un jugement constatant un rapport de filiation n'a pas d'effet à l'égard d'un tiers qui revendique pour lui le même rapport de parenté, en tant qu'il n'a pas pris part au premier procès (2) ».

(1) *Motifs*, t. IV, p. 673 et suiv.
(2) Cf. l'étude de M. Bufnoir, *l. c.*, p. 708, *Motifs*, t. IV, p. 1006 et s.

L'article 627 nouveau, qui étend aux procès sur les rapports de filiation les garanties de la procédure des affaires matrimoniales, et en particulier l'intervention du ministère public, explique la distinction quant à leurs effets du jugement passé en force de chose jugée du vivant des parties et du jugement rendu après le décès d'une des parties. Quant à la réserve des droits des tiers qui prétendraient aux mêmes droits, les motifs la rapprochent de la situation du conjoint du bigame (art. 1256) et la fondent sur la doctrine du droit commun allemand, qui la tiendrait lui-même de la pure théorie romaine des lois 42 D. 40, 12 et 1 et 5 D. 40, 14.

En résumé, le projet de Code civil allemand admet l'effet absolu du jugement rendu en matière d'état du vivant des époux, s'il s'agit de nullité de mariage ; du vivant des parents et de l'enfant, s'il s'agit de rapports de filiation ; en un mot, du vivant des intéressés directs à l'objet principal du procès, mais toute réserve faite des droits des tiers qui revendiqueraient à leur profit les mêmes rapports juridiques. Après le décès de ces intéressés, si le jugement n'est pas encore passé en force de chose jugée, le procès est considéré comme terminé quant à son objet principal ; les contestations qui pourront s'élever ne seront que des conséquences indirectes de cet objet principal du procès, et comme elles ne seront pas entourées des garanties accordées aux instances relatives à l'état par le Code de procédure civile ou par la loi de mise en vigueur du Code civil, le jugement qui y mettra fin ne jouira que d'un effet relatif.

Que vaut ce système? Le principe en est excellent (1). Mais pour en apprécier la réglementation, il serait nécessaire de connaître la procédure allemande dans tous ses détails ; en tous cas, il convient d'en retenir cette idée que l'intervention du ministère public est une des garanties les plus considérables qui autorisent à attribuer au jugement une autorité absolue ; et ce pourrait bien être le point de départ de la vraie solution. L'intervention obligée du ministère public serait certainement, à nos yeux, le meilleur des éléments d'une réglementation pour la mise en pratique de l'effet absolu du jugement. Demolombe proposait « que lorsqu'une question d'état serait soulevée dans une famille, un conseil de parents fût assemblé et chargé de désigner un des siens pour défendre à l'action et représenter toute la famille (2) ». C'est assurément une idée fort ingénieuse et, d'une application facile, grâce aux dispositions de notre Code qui sont relatives à la formation d'un conseil de famille. Mais à cette repré-

(1) Peut-être y a-t-il cependant quelque exagération à ne pas admettre, au moins dans certains cas, l'effet absolu du jugement rendu après la mort des principaux intéressés. C'est trop faire dépendre le droit civil de la procédure. Pourquoi ne pas continuer à entourer des mêmes garanties et par suite à douer du même effet, les jugements rendus après la mort des intéressés ?

(2) Demolombe, t. V, p. 302 *in fine*.

sentation de la famille par l'un de ses membres il serait bon d'ajouter, pour donner des garanties sérieuses, l'intervention obligée du ministère public dans les procès relatifs à l'état des personnes. On a dit qu'on ne pourrait pas accorder au ministère public la mission de représenter tous les intéressés, sous prétexte que la loi de 1844 sur les brevets ne lui a attribué semblable mandat qu'avec de grandes restrictions (1) ; mais ces restrictions sont dues à des raisons toutes spéciales, et d'ailleurs nous ne proposons pas de donner au ministère public une pareille mission, mais bien de l'obliger à se rendre partie intervenante aux côtés du représentant désigné par le conseil de famille pour défendre à l'action.

Telle nous semble être la solution pour les questions de filiation ; d'autre part, la même solution appliquée aux nullités de mariage permettrait de généraliser les exceptions au système de l'effet relatif que nous avons cru pouvoir admettre sous l'empire même du Code actuel, et de décider que le jugement rendu à la demande d'un individu ayant un simple intérêt pécuniaire, comme un parent collatéral ou un créancier des époux, jouirait de la même autorité que celui qui serait rendu à la requête du ministère public ou d'une personne dont l'action serait fondée sur un intérêt moral.

Cette œuvre de réforme serait complétée par l'intro-

(1) Cf. plus haut, chap. III, section III, § 3.

duction dans la loi, pour les nullités de mariage, d'une disposition analogue à celles du Code civil du royaume des Pays-Bas, et du projet de Code civil allemand, et réservant aux tiers de bonne foi, qui n'auraient pas eu connaissance de la nullité, le droit de considérer le mariage comme valable jusqu'au jour de la nullité prononcée.

APPENDICE

DE L'EFFET EN FRANCE DES JUGEMENTS RENDUS PAR LES TRIBUNAUX ÉTRANGERS ET STATUANT SUR L'ÉTAT DES PERSONNES. — DE LA DISPENSE D'EXEQUATUR.

Deux textes, l'un au Code de procédure civile (art. 546), l'autre au Code civil (art. 2123), déterminent l'effet que doivent avoir en France les jugements rendus par les tribunaux étrangers :

Art. 546 Pr. civ. : « Les jugements rendus par les tribunaux étrangers... ne seront susceptibles d'exécution en France que de la manière et dans les cas prévus par les articles 2123 et 2128 du Code civil ».

Art. 2123 C. civ., al. 4 : « L'hypothèque ne peut pareillement résulter des jugements rendus en pays étranger, qu'autant qu'ils ont été déclarés exécutoires par un tribunal français ; sans préjudice des dispositions contraires qui peuvent être dans les lois politiques ou dans les traités ».

A s'en tenir à la lettre de ces articles, il semblerait que toutes les décisions émanées des juridictions étrangères, qu'elles soient ou non relatives à des questions d'état, sont soumises à la nécessité de l'*exequatur*, sauf à discuter encore, il est vrai, sur le point de savoir si la formalité de l'*exequatur* est requise pour qu'elles aient autorité de chose jugée, ou seulement pour qu'elles aient force exécutoire ; sauf à déterminer également les pouvoirs de la juridiction qui connaîtra de la demande à fin d'*exequatur*.

Mais, pour les jugements statuant sur des questions d'état, ne faudra-t-il pas tenir compte de l'article 3 paragraphe 3 du Code civil ainsi conçu : « les lois concernant l'état et la capacité des personnes régissent les Français, même résidant en pays étranger ? » Il ressort de cet article que les étrangers en France sont, pour ce qui concerne leur état, soumis à leur loi nationale, que leur état en France est régi par la loi étrangère et par elle seule ; tous les auteurs et tous les arrêts sont d'accord sur ce point : la conséquence logique et fatale de ce principe incontesté n'est-elle pas que les jugements étrangers concernant l'état des personnes ont en France effet de plein droit ? Où trouvons-nous exprimée une distinction entre l'état des personnes découlant directement de la loi étrangère et cet état dérivant de jugements rendus par application de cette même loi ? Où voyons-nous formuler pour ces deux cas des règles différentes ? — Nulle part. — Dès lors, pourquoi établir une distinction que rien n'impose, que rien n'indique même, et dont le seul effet serait de créer des difficultés et des complications ?

Le rapprochement des articles 546 du Code de procédure civile et 2123 du Code civil d'une part, et de l'article 3, § 3 du Code civil d'autre part, précise l'étendue du débat ; la controverse est née de la coexistence de ces deux groupes de textes : l'un doit-il l'emporter sur l'autre ? sont-ils au contraire susceptibles d'être conciliés ?

Un des éléments de décision les plus importants est assurément la tradition : le plus souvent, lorsque le législateur ne s'est pas exprimé, c'est qu'il a entendu s'en référer à l'état de choses existant. Or, en notre matière, la tradition était certaine : s'il y avait des difficultés dans l'ancien droit relativement à l'effet en France des jugements rendus à l'étranger, elles ne concernaient pas les jugements relatifs aux questions d'état. Ces derniers formaient une classe à part, et, considérés comme partie intégrante du statut personnel, ils avaient de plein droit effet en France. Nos anciens auteurs ne distinguaient pas dans le statut personnel ce qui découlait directement de la loi et ce qui n'était acquis qu'à la suite de jugements contentieux ; ils affirmaient dans tous les cas l'exterritorialité du statut, et d'Argentré lui-même était très formel en ce sens. — « *Et hæc plane discrimen ostendunt quod personalia nullo territorio finiantur, realia territoriis omnibus... Personale denique illud censendum est, quod personæ legem ponit... veluti ætatis, interdictionis, legitimationis, excommunicationis, infamatio-*

nis (1) ». — Loysel, Ricard, Renusson, Duplessis adoptaient les mêmes principes, et Bourjon (2) résumait la doctrine et la jurisprudence de son époque dans les termes suivants : « Le statut personnel... suit la personne dans tel lieu qu'elle soit.... Celui qui par sa loi personnelle est interdit ou infâme ou universellement incapable de disposer porte partout avec lui cette infamie, cette interdiction, cette incapacité universelle ». En un mot, selon Bourjon, celui qui est, daprès sa loi personnelle, interdit ou infâme, l'est partout ; il est difficile de dire plus nettement que le jugement étranger prononçant l'infamie ou l'interdiction a de plein droit effet en France. Aussi ne croyons-nous pas que Laurent ait beaucoup diminué la portée de cette citation de Bourjon, en faisant observer que dans ce passage il ne parlait pas expressément des jugements rendus en pays étranger (3).

La doctrine de l'ancien droit était certaine : les jugements rendus par un tribunal étranger sur une question d'état avaient de plein droit effet en France, et il en était ainsi parce que ces jugements rentraient dans le statut personnel. Cette doctrine était établie d'une manière si ferme que, dès les premières années

(1) D'Argentré, *de statutis personalibus et realibus*. Cf. aussi Boullenois, *De la personnalité et de la réalité des statuts*, ch. IV, t. 2, obs. 25.

(2) Bourjon, *Droit commun de la France*, t. I, p. 111.

(3) Laurent, *Droit civil international*, t. VI, 162.

du siècle et à l'heure actuelle même, les jugements et arrêts qui dispensent de la formalité de l'*exequatur* les décisions étrangères qui ont résolu des questions d'état, s'abritent derrière la théorie du statut personnel. « L'état de l'étranger en France étant régi par son statut personnel, dit un jugement du tribunal de la Seine du 4 décembre 1886, il s'ensuit que les décisions des tribunaux de son pays, seuls compétents pour fixer ou pour modifier son état, sont de plein droit applicables en France, comme la loi même en vertu de laquelle ils ont été rendus (1) ». « Considérant, dit un arrêt de la Cour d'appel de Paris du 23 février 1888, qu'il est de principe que l'état et la capacité des personnes sont régis par la loi de leur nationalité, et que, en ce qui touche l'état et la capacité, les jugements rendus à l'étranger peuvent être invoqués en France, sans qu'il y ait lieu de demander une décision d'*exequatur* (2) ». La jurisprudence française s'appuie sur l'article 3, § 3 du Code civil : c'est là, croyons-nous, une base très solide : en présence des termes généraux de cet article, il est arbitraire de distinguer entre les divers éléments de l'état des personnes, entre les effets directs de la loi et ses conséquences médiates. Un jugement est le plus souvent déclaratif de l'état ; d'ailleurs, dans les cas où il

(1) *Journal du droit international*, 1886, p. 712.

(2) *Gazette du Palais*, 1888, 2, 484 ; *Pand. fr.*, 1888, 2, 111.

crée ou modifie l'état de la personne, c'est-à-dire dans les cas où il est constitutif d'un état nouveau, selon l'expression employée plus haut, il n'intervient qu'en vertu de la loi même, après avoir constaté et déclaré l'existence d'un fait reconnu par elle : prodigalité, faiblesse d'esprit, démence ; le fait une fois constaté, les conséquences juridiques que la loi y a attachées s'appliquent pour ainsi dire automatiquement et par le jeu de la loi, si bien qu'on peut dire fort justement que c'est la loi elle-même qui a modifié l'état de la personne.

Il est probable que ces considérations décisives auraient convaincu tous les auteurs, si l'article 546 du Code de procédure civile avait été rédigé en termes moins généraux ; mais le peu de précision de ce texte a favorisé l'éclosion de dissidences qui sont demeurées fameuses. « Le grand principe de l'ancien droit civil, dit Merlin (1), ou plutôt le principe éternel du droit des gens auquel l'article 546 du Code de procédure civile n'a fait que donner une nouvelle sanction, est trop général pour ne pas s'appliquer aux jugements rendus sur des questions d'état, comme aux jugements rendus sur d'autres matières ». En un mot, la loi ne distinguant pas entre les divers jugements émanés des tribunaux étrangers, disent Merlin et ses

(1) Merlin, V° *Faillite* au *Répertoire*, sect. II, § 2, art. 10, t. XI, p. 413 et suiv. (édit. de Bruxelles).

partisans (1), les interprètes n'ont pas le droit de distinguer davantage. Sans doute, les jurisconsultes ou les tribunaux ne peuvent pas, par voie d'interprétation, modifier la loi ou y introduire des distinctions que l'on n'y a pas fait figurer, soit à dessein, soit même par omission ; mais il est permis de rechercher quelle a été la pensée du législateur, quel a été le but de telle ou telle disposition, de s'attacher à l'esprit aussi bien qu'à la lettre de la loi. Lorsque les articles 546 du Code de procédure civile et 2123 du Code civil décident que les jugements étrangers ne seront exécutoires en France qu'après avoir été déclarés tels par les tribunaux français, quelle est la raison d'être de cette disposition ? On l'a indiquée bien souvent : c'est l'indépendance réciproque des États les uns vis-à-vis des autres. Mais cette indépendance ne sera en cause, elle ne risquera d'être compromise, que si le concours matériel des agents de l'État sur le territoire duquel le jugement est invoqué, est requis pour l'exécution. Si les jugements étrangers ne sont pas en principe exécutoires de plein droit en France, c'est que « l'exécution suppose en général l'intervention de la puissance souveraine qui commande à ses officiers d'exécuter la sentence, en saisissant les biens. Le principe suppose une exécution forcée ; or les jugements concernant l'état ne peuvent pas avoir exécu-

(1) Cf. Fœlix, t. III, p. 107.

tion par voie de saisie ; dès lors le principe est inapplicable (1) ». Cette notion de l'exécution permet d'indiquer avec précision la portée de l'article 546 du Code de procédure civile en notre matière (2) : en règle générale, les jugements étrangers auront effet en France de plein droit, mais, toutes les fois que ces jugements donneront naissance à une *exécution* au sens juridique du mot, l'*exequatur* sera nécessaire et ne sera accordé qu'aux conditions où il l'est pour tous autres jugements. Supposons, à titre d'exemple, qu'un jugement étranger prononce le divorce entre deux époux : ces deux époux auront de plein droit en France, avant toute demande d'*exequatur*, la qualité d'époux divorcés ; ils seront considérés comme libres de tout lien matrimonial, et pourront contracter une nouvelle union ; mais l'*exequatur* deviendra nécessaire, il s'agit de liquider les droits des époux (3), ou de poursuivre le paiement des frais de justice.

(1) Laurent, *Droit civil international*, t. VI, p. 164.

(2) Cf., en matière de faillite, un jugement du tribunal de commerce de la Seine du 13 octobre 1876 (sous Paris, 7 mars 1878, Sir., 1879, 2, 164) : « Attendu que White se présente comme syndic de la faillite Hoffmann et Cie déclarée à Londres par arrêt de la Cour des banqueroutes..... Attendu qu'il ne s'agit pas de l'*exécution* de cet arrêt, mais seulement de constater si White a bien la qualité dont il excipe ; qu'il n'importe donc pas de savoir si ledit arrêt a été déclaré exécutoire en France ». — Cf. aussi Cass., 21 juin 1870, Sir., 1870, 1, 49.

(3) Tribunal de la Seine, 25 janvier 1882, *Journal D. I. Privé*, 1882, p. 74.

En résumé, les jugements étrangers relatifs à des questions d'état sont soumis, en ce qui concerne leur effet en France, aux règles du droit commun : si la nécessité de l'*exequatur* est écartée en général à leur endroit, c'est parce qu'en droit commun l'*exequatur* n'est requis que lorsqu'il y a lieu à exécution forcée. Aussi toutes les autres règles du droit commun sont-elles applicables. Le jugement étranger statuant sur une question d'état n'aura en France aucun effet, s'il est contraire à l'ordre public français ; cela est incontesté : mais la difficulté est de savoir quand l'ordre public français est troublé, et il y a souvent lieu à une appréciation si délicate qu'il est presque impossible de se prononcer en toute certitude : ainsi la jurisprudence n'a jamais pu, avant la loi qui a établi le divorce en France, décider d'une manière constante que le jugement qui prononçait le divorce entre étrangers à l'étranger était contraire à l'ordre public français ; jusqu'en 1884 il y a eu des décisions contradictoires à ce sujet (1).

Conformément aux règles du droit commun également, le jugement rendu en matière d'état par des tribunaux étrangers a la même valeur, que les parties soient françaises ou étrangères ; quelques décisions ont, il est vrai, refusé toute autorité aux jugements

(1) Affirmative : Paris 30 août 1824, Sir., 1825, 2, 204. — Paris, 4 juillet 1859, Sir., 1859, 2, 401. — Douai, 8 janvier 1877, Sir., 1877, 2, 45. — Négative : Cass., 23 février 1860, Sir., 1860, 1, 210.

étrangers concernant l'état des Français : « seuls les tribunaux français, dit un jugement du tribunal de la Seine du 30 juin 1876 (1), sont compétents pour statuer sur le statut personnel des Français ». Mais cette règle n'est écrite nulle part ; nul texte n'attribue explicitement ou implicitement aux tribunaux français cette compétence exclusive, qui aboutira souvent à un déni de justice. Lorsque les Français seront domiciliés à l'étranger et n'auront en France ni résidence, ni biens, aucun tribunal français ne sera compétent pour prononcer sur leur état ; dès lors, si nous refusons tout droit de juridiction aux tribunaux étrangers, nous arrivons — et cela dans le but de protéger nos nationaux —, à leur enlever le droit de s'adresser à des juges pour faire prononcer leur divorce ou leur séparation de corps. Enfin n'est-il pas souverainement illogique de permettre aux Français de se marier selon la loi étrangère à l'étranger, et de refuser à cette loi le droit de relâcher ou de briser le lien qu'elle a créé ? Un tel système serait à la fois dénué de fondement, dépourvu d'avantages pratiques, et contradictoire ; aussi n'est-il pas étonnant que des décisions récentes l'aient rejeté impitoyablement (2).

(1) Cf. ce jugement dans le *Journal du droit international privé*, 1877, p. 146 ; Cf. aussi en ce sens Rouen, 25 mai 1831, Sir., 1813, 2, 233.

(2) Tribunal de la Seine, 2 août 1887, *Journal D. I. Pr.*, 1888, p. 87. — Cf. Paris, 28 mai 1884, *ibid.*, p. 622.

Est-il besoin d'ajouter que, pour avoir effet en France, le jugement étranger devra être un vrai jugement : s'il ne constitue qu'une mesure politique arbitraire, il devra être considéré comme non avenu en France : la question a été tranchée dans un arrêt mémorable du 16 janvier 1836 rendu dans l'affaire du duc de Brunswick (1).

La théorie que nous avons exposée est adoptée parla majorité des auteurs (2) et par presque tous les tribunaux (3) ; quelques décisions contraires ont toutefois été rendues il y a déjà plusieurs années ; mais, à en voir la rédaction pénible, on sent que leur système s'adapte mal aux faits ; elles en sont réduites à établir un ensemble de présomptions de vérité que la loi ignore et condamne par son silence. Témoin cet arrêt de la Cour de Pau du 17 janvier 1872 (4), où nous lisons ce singulier motif : « Que dans tous les

(1) Sir., 1836, 2, 70.

(2) Cf., la bibliographie de la question dans le *Manuel de droit international privé* de M. Weiss, p. 819 de la 2e édition, et Moreau, *Effets internationaux des jugements en matière civile*, p. 40 et suiv.

(3) Cf., outre les arrêts déjà cités, Paris, 2 mars 1868 (Sir., 68, 2, 312). — Trib. Seine, 26 décembre 1882, 3 avril 1883, 27 janvier 1885 (*Journal D. I. P.*, 1883, p. 51, p. 515, 1885, p. 414). — Paris, 21 mai 1885, *Journal*, 1885, p. 542, — et les autres arrêts mentionnés par M. Weiss, *l. c.*, p. 819 en note.

(4) Sir., 1872, 2, 233.

cas les faits constatés devront être présumés exacts, les formes bien observées et le droit bien appliqué ; qu'en un mot, *une présomption de bien jugé devra s'attacher à la décision étrangère,* tant que la preuve du contraire ne sera pas rapportée ». Ne vaut-il pas mieux adopter notre système que de se prononcer pour le droit de révision au fond, en ayant soin d'établir une présomption de bien jugé que rien n'autorise à créer ? pourquoi rejeter notre théorie, alors que l'on vise aux mêmes résultats pratiques, auxquels il n'est possible de parvenir en dehors d'elle que par des procédés plus longs, plus coûteux et d'une légalité douteuse ?

POSITIONS

DROIT ROMAIN.

Positions prises dans la thèse.

I. — Les *præjudicia* étaient étrangers, à l'époque classique, à la classification des actions en actions *in rem* et en actions *in personam*.

II. — Les questions d'état ne donnaient pas lieu, à l'époque classique, à une *cognitio extra ordinem* ; et notamment, à cette même époque, la compétence du *prætor de liberalibus causis* n'était pas plus étendue que celle des autres magistrats.

III. — Le procès *ex libertate in servitutem* et le procès *ex servitute in libertatem* se présentaient sous forme de *præjudicia* à l'époque classique.

IV. — La vieille institution que l'on appelait *proclamatio in libertatem* n'est pas visée par les textes de la compilation de Justinien lorsqu'ils emploient les expressions *proclamatio*, *proclamare in* ou *ad libertatem*, expressions qui ne sont pas d'ailleurs interpolées.

V. — Il a existé en droit romain un *præjudicium de civitate*.

VI. — La théorie du légitime contradicteur est étrangère au droit romain.

civil constituent des restrictions à la capacité des futurs époux et ne sont pas applicables aux étrangers en France.

II. — La prescription devant être considérée comme une modalité de la créance, la loi qui la régit est celle du contrat.

PROPRIÉTÉ INDUSTRIELLE.

Le meilleur système législatif en matière de brevets est celui du non-examen préalable.

Vu :
Le Président de la thèse,
LÉON MICHEL.

Vu :
Le Doyen,
COLMET DE SANTERRE.

Vu et permis d'imprimer :
Le Vice-Recteur de l'Académie de Paris,
GRÉARD.

Imp. G. Saint-Aubin et Thevenot, Saint-Dizier (Haute-Marne) 30, passage Verdeau, Paris.

www.ingramcontent.com/pod-product-compliance
Ingram Content Group UK Ltd.
Pitfield, Milton Keynes, MK11 3LW, UK
UKHW020956230726
13923UKWH00007B/415